ÉTUDES

DE

LÉGISLATION

DE LA PEINE DE MORT
DE LA RÉVISION DES CONDAMNATIONS CRIMINELLES
DE LA CONTRAINTE PAR CORPS

PAR

J. BÉDARRIDE

AVOCAT A LA COUR IMPÉRIALE DE MONTPELLIER

DEUXIÈME ÉDITION
revue et augmentée

MONTPELLIER
C. COULET, Libraire-Éditeur
de la Faculté de Médecine,
Grand'Rue, 5.

PARIS
A. MARESCQ, Libraire-Éditeur,
17, rue Soufflot,
en face le Panthéon

1867

ÉTUDES

DE

LÉGISLATION

C.

Montpellier, RICARD Frères, Imprimeurs de la Préfecture.

ÉTUDES

DE

LÉGISLATION

DE LA PEINE DE MORT

DE LA RÉVISION DES CONDAMNATIONS CRIMINELLES

DE LA CONTRAINTE PAR CORPS

PAR

J. BÉDARRIDE

AVOCAT A LA COUR IMPÉRIALE DE MONTPELLIER

DEUXIÈME ÉDITION
revue et augmentée

MONTPELLIER
C. COULET, Libraire-Éditeur
de la Faculté de Médecine,
Grand'Rue, 5

PARIS
A. MARESCQ, Libraire-Éditeur,
17, rue Soufflot,
en face le Panthéon

1867

PRÉFACE

DE LA DEUXIÈME ÉDITION

L'étude de la législation pénale préoccupe aujourd'hui les esprits dans presque tous les États. On peut, surtout, constater une sorte de réveil sur la nécessité et la légitimité de la peine capitale.

Dans l'espace de quelques années, la peine de mort a été supprimée en Allemagne, dans les duchés d'Oldembourg, de Nassau, de Bade ;

En Amérique, dans les États de Michigan, Rhode-Island, Wisconsin, dans la Colombie ;

En Suisse, à Fribourg, Zurich, Neufchâtel, Genève.

La peine de mort n'existe plus en Portugal.

En Italie, la Chambre des Députés en avait voté la suppression. Le Sénat n'a pas approuvé, mais la question est plutôt ajournée que résolue.

En Belgique, le Ministre de la justice, M. Bara, compte parmi ceux qui poursuivent avec le plus d'ardeur la suppression de la peine capitale.

La proposition faite par le Gouvernement, rejetée par la Chambre en 1865, a été reproduite, en 1866, lors de la discussion du Code pénal. Cette fois, le rejet a eu lieu à une faible majorité (55 voix contre 43).

Là, comme en Italie, les idées progressent, et tout fait présager une réalisation prochaine d'une réforme législative, soutenue avec une si profonde conviction et avec tant de persistance par le Ministre de la justice.

En Angleterre, les abolitionnistes gagnent chaque jour du terrain. Là, les réformes sont lentes à se réaliser, mais les idées qui reposent sur des sentiments de justice et d'humanité une fois produites, ne cessent pas de faire leur chemin.

Une Commission avait été nommée par la reine pour étudier cette importante amélioration de la loi pénale.

Après de laborieuses enquêtes, cette Commission n'a pas cru devoir proposer l'abolition absolue; mais elle veut procéder graduellement, et demande la suppression de la peine capitale dans un grand nombre de cas.

Quand le législateur veut ainsi parvenir à rendre l'application de la peine de mort infiniment rare, il n'y a pas loin de là à la suppression absolue.

Si, en France, de sérieuses et légitimes hésitations existent au sujet de cette grave question, n'y a-t-il pas lieu d'appeler sur elle un nouvel examen?

La suppression de la contrainte par corps qui vient d'être prononcée par la Chambre, sur l'initiative du Chef de l'État, et malgré

VIII

la vive opposition d'une minorité considérable, n'est-elle pas un premier pas vers la
suppression de la peine capitale?

La contrainte par corps est la dernière
rigueur du droit civil, comme la peine de
mort est la dernière rigueur du droit pénal.

Les paroles prononcées par l'Empereur,
dans son discours à l'ouverture de la session
de 1865, en proclamant le respect pour la
personne des débiteurs, ne s'appliquent-elles
pas, à plus forte raison, à l'inviolabilité de
la vie du condamné?

« J'aimerais une société, » a dit le savant
Magistrat qui est à la tête de la Cour
suprême (1), « qui pourrait se passer de la
» peine de mort et de la contrainte par corps. »

Si la civilisation, en France, a fait assez
de progrès pour que la contrainte par corps
disparaisse de la législation civile, n'y a-t-il
pas lieu d'espérer que, dans un temps plus

(1) M. Troplong, de la Contrainte par corps.

ou moins rapproché, la peine de mort disparaîtra aussi de la législation pénale?

Le remarquable discours prononcé à la Chambre par M. le Garde des Sceaux, au sujet de la contrainte par corps, atteste combien, tout en respectant les Codes qui nous régissent et qui sont un monument de sagesse, le Gouvernement comprend que la législation ne peut pas rester stationnaire, et doit subir l'influence des besoins nouveaux que la marche de la civilisation met en lumière.

En supprimant la contrainte par corps, la loi a eu pour but de rehausser la dignité de l'homme, et de rendre inviolable, par des intérêts privés, la liberté de sa personne.

Une pensée tout aussi généreuse a présidé à la présentation d'un projet de loi sur la révision des condamnations criminelles.

Les modifications apportées, à ce sujet, au Code d'instruction criminelle répondent à des vœux émis depuis long-temps.

Si la liberté individuelle mérite d'être sauvegardée, les droits d'un innocent injustement condamné parlent trop haut, pour que la porte ne soit pas ouverte à la révision de sa condamnation ou à la réhabilitation de sa mémoire.

Les trois sujets d'étude qui composent cette publication reposent sur la même pensée, celle de mettre la législation en harmonie avec les principes d'humanité, de liberté et de justice qui sont la base de nos institutions.

Sous ce rapport, les idées que nous avons émises ont un caractère d'opportunité; elles viennent, d'ailleurs, de recevoir leur sanction dans les deux projets de loi soumis aux Chambres.

NOTE DE L'ÉDITEUR.

L'auteur des *Études de Législation* que nous publions a fait paraître, sous ce titre, dans la *Revue judiciaire du Midi*, une série d'articles sur divers points du droit criminel, du droit civil et du droit commercial.

Deux de ces articles, celui de *la Peine de mort* et *la Révision des condamnations criminelles*, ont fait l'objet d'une publication particulière.

Cette publication étant épuisée, nous en donnons aujourd'hui une nouvelle édition, en y ajoutant une *Étude sur la Contrainte par corps*, à laquelle la décision de la Chambre donne un cachet d'actualité, et qui a une grande affinité avec la question de *la Peine de mort*.

Nous nous proposons de mettre prochainement sous presse l'ensemble des autres articles, qui se recommandent spécialement au moment où diverses branches de notre législation reçoivent les améliorations que le progrès des temps rend nécessaires.

LA PEINE DE MORT

CHAPITRE PREMIER

DU DROIT DE PUNIR

La société ne peut exister sans une légitime répression exercée sur les actions qui portent le trouble dans son sein.

Il serait donc superflu de rechercher quelle a pu être l'origine du droit de punir.

Cependant, si cette étude est sans objet quant à l'exercice du droit en lui-même, elle doit avoir une portée quand il s'agit de caractériser les divers modes de pénalité, de remonter à leur source, de se demander jusqu'à quel point des moyens de répression admis dans les temps anciens peuvent se maintenir en face du progrès toujours croissant de la civilisation.

C'est à ce point vue que les divers systèmes proposés par les publicistes peuvent être étudiés.

Dans la constitution des sociétés primitives, on a supposé l'existence d'un contrat par lequel chacun aurait fait le sacrifice d'une portion quelconque de sa liberté dans l'intérêt de tous. Cette idée, qui se présente naturellement à l'esprit, est cependant bien loin d'être exacte. Un contrat exige le concours de deux ou plusieurs volontés libres, spontanées, et, lorsqu'on réfléchit sur l'origine des sociétés, il n'est pas permis de croire que ce concours ait pu subsister. Le besoin qu'ils avaient les uns des autres a, sans doute, réuni les hommes entre eux; mais, au lieu de se rapprocher spontanément, il est probable que le plus fort a imposé la loi au plus faible.

C'est donc la force qui seule a présidé à l'organisation des sociétés primitives.

Il n'est intervenu de véritable contrat social que

lorsque les peuples, avancés en civilisation, se sont donné un gouvernement régulier.

Le droit de punir n'a donc été, dans son principe, que l'exercice du droit du plus fort.

Ce droit devenait légitime lorsqu'il était exercé dans le but de se défendre.

Protéger sa personne et ses biens, intimider ceux qui seraient tentés d'y porter atteinte, telle est la base du droit de répression.

Ce droit qui résidait dans chaque individu, la société l'a recueilli en le modifiant.

Si cette nécessité de la légitime défense qui emportait le droit de punir, si la force qui en donnait le pouvoir ont été, dans l'origine, les seules règles de répression, il était réservé aux sociétés régulièrement organisées de prêter au faible la force qui lui manquait pour réprimer les entreprises du fort, et d'enlever à ce dernier les moyens d'abuser de sa force.

C'est alors seulement qu'on a pu établir les limites du juste et de l'injuste; que le droit a pris la place de l'arbitraire.

Il ne pouvait en être ainsi dans les sociétés primitives. Aussi les premiers âges nous montrent-ils les peuples abusant de leur force, sur les individus, plus cruellement peut-être que ne l'auraient fait ces mêmes individus entre eux (1). « La société, a dit à ce propos » un éminent écrivain, ne se défendait qu'en opposant » la force physique à la force physique..... comme ces » héros de la Grèce occupés à purger la société des » brigands et des monstres. »

N'est-ce pas à cette tendance que nous cédons, sans nous en douter? Le cœur humain n'est-il pas ainsi fait? Le désir de la vengeance ne se manifeste-t-il pas toutes les fois qu'on se trouve en présence d'un de ces crimes atroces qui refoulent tout sentiment de pitié pour le coupable?

Si c'est là le premier élan du cœur, est-ce bien là le devoir que la société doit remplir?

On ne peut se dissimuler que c'est ainsi que le droit de répression a été compris dans l'origine.

Ainsi, d'homme à homme, la répression pouvait avoir pour principe le besoin de se conserver, mais elle avait toujours pour résultat un acte de vengeance; de même la société crut avoir pour mission d'exercer une vengeance contre le criminel.

(1) Guizot, *de la Peine de mort en matière politique.*

Cependant une grande différence existait entre la position des individus isolés et celle de la société, relativement au droit de punir.

La société n'était, par rapport à chaque individu, qu'un mandataire chargé de faire rendre justice à chacun et de veiller à l'intérêt de tous. Elle ne pouvait donc épouser les sentiments des individus pris isolément ; elle ne pouvait se revêtir de leurs passions, par la raison que, si elle devait venir au secours de l'offensé, chargée de veiller à la conservation de tous, elle devait sa protection même à l'offenseur contre lequel elle s'armait.

De la part de la société, la répression ne devait donc ressembler en rien aux actes que les hommes isolés auraient pu regarder comme légitimes. L'homme poussé par ses passions, ou aigri pas les torts dont il avait été l'objet, pouvait se croire autorisé à se défaire d'un ennemi dangereux ; la société, préposée à tout conserver, ne devait se défaire de personne. L'homme pris isolément ne pouvait mettre son ennemi hors d'état de nuire qu'en le privant de la vie ; la société avait en son pouvoir des moyens pour enlever à un criminel la possibilité de faire le mal.

Se venger, se défendre, telle est la double source de la répression de la part des individus; veiller à la conservation de tous, mettre le criminel hors d'état de nuire, intimider par la menace d'une peine, telle est la tâche que la société doit accomplir. Ce n'est pas un acte de vengeance qu'elle exerce, c'est une légitime répression, dominée par cette pensée, qu'il n'est pas de criminel à qui le retour vers le bien soit absolument impossible.

Réduite à ces termes, la loi pénale rentre essentiellement dans ce grand principe d'utilité qui est la base de toute bonne législation.

L'intérêt général exige le sacrifice des droits individuels, dans la mesure de ce qui est utile à la conservation de tous.

Mais il est une limite où le droit individuel se dresse et réclame la protection que la société lui doit.

Il importe donc de concilier l'intérêt général avec le droit des individus: c'est là le but que la loi pénale doit poursuivre.

CHAPITRE II

LA PEINE DOIT-ELLE ÊTRE UNE EXPIATION ?

Le mot punition semble impliquer l'idée d'un mal infligé pour expier le crime commis.

Mais est-ce bien là ce que veut la loi pénale ? Pour donner à la pénalité le caractère d'une expiation, on a fait remonter le droit de punir au droit divin.

« Le droit de punir de mort, dit à ce propos Saint Augustin (1), vient de Dieu. »

Est-il bien vrai que la société exerce sur le criminel le droit qui appartient à la puissance divine ?

On comprend l'expiation lorsque le criminel, sorti de la vie, doit rendre compte de ses actions devant le Juge suprême. Mais la justice humaine peut-elle s'arroger une mission qui n'appartient qu'à la puissance divine ?

(1) *De Naturâ boni*, chap. XXXII, p. 8.

Si nous consultons les livres saints, le premier meurtrier ne subit pas dans ce monde une expiation de son
crime. Dieu ne veut pas que le sang soit payé par le
sang; mais, faisant pénétrer le remords dans le cœur
du coupable, il le bannit de la présence des hommes,
il lui laisse la vie pour qu'il puisse chaque jour maudire
son forfait.

Dans quel livre ce droit divin, dont on invoque la
puissance, parlera-t-il avec plus de force que dans
l'histoire du premier crime, dans la punition du premier meurtrier?

Pourquoi la justice humaine n'imiterait-elle pas cet
exemple? Peut-elle, empiétant sur le domaine de la
divinité, s'arroger le droit de demander au coupable
l'expiation de son crime?

Si les crimes doivent être expiés sur la terre, que
deviendra l'idée de la vengeance divine (1)? Le crime,
une fois expié dans ce monde, devra-t-il trouver dans
un monde futur une nouvelle expiation? Ne serait-ce

(1) Un écrivain éminemment religieux, M. De Bonald, a
dit que la peine de mort était le moyen de renvoyer le coupable devant son juge.

Quel serait donc le rôle que remplirait la justice humaine?

pas renverser toute idée de justice dans Celui de qui
toute justice émane? Il serait donc contraire aux idées
religieuses de donner à la pénalité le caractère d'une
expiation. C'est un autre but qu'elle doit se proposer.

« Aucune peine infligée dans l'esprit de la loi n'a
» pour but, dit Platon (1), le mal de celui qui la
» souffre ; mais son effet est de le rendre ou meilleur
» ou moins méchant. »

En partant de ce principe, qui résume le véritable
esprit des lois pénales, les supplices infligés à la personne du coupable doivent disparaître.

Il n'y a plus place, dans la législation pénale, que pour
la privation de la liberté, qui permet de moraliser le
condamné, de le forcer à revenir au bien s'il veut
abréger sa détention, ou qui le réduit à être à jamais
séquestré de la société si sa nature est incorrigible.

Les supplices, dont un seul, la peine de mort, reste
aujourd'hui dans notre Code pénal, ne se défendent
que par le besoin de l'intimidation.

Sans nier l'utilité de l'intimidation, il ne faut pas en
exagérer l'efficacité.

(1) *Des Lois*, livre II.

« Prévenir les crimes, a-t-on dit, est plus difficile
» que de les réprimer. L'intimidation y suffit chaque
» jour de moins en moins (1).

Il ne faut pas cependant que la société reste désarmée
et qu'elle ne cherche pas à susciter, chez les natures
portées au crime, une salutaire terreur.

Mais, selon l'état de la civilisation, les moyens d'intimidation doivent changer.

On ne saurait poser comme une règle invariable que
le plus puissant moyen d'intimidation est le supplice qui
réunit le plus haut degré de cruauté.

L'adoucissement progressif que la pénalité a subi,
sans qu'on ait pu signaler un accroissement dans la criminalité, donnerait un démenti à cette supposition. Il
faut donc restituer à la loi pénale son véritable caractère.

Si la répression ne peut avoir pour principe l'expiation du crime, si l'intimidation n'est pas nécessairement subordonnée à la cruauté des moyens de répression, les peines ne peuvent être que la mesure exacte
de ce qui est nécessaire à la société pour se sauvegarder.

« Il est certain, disait Target (2), que la peine n'est

(1) *Dictionnaire des sciences philosophiques.* (Ve *Pénalité.*)
(2) *Observations sur le Code pénal,* t. XXIX, p. 8.

» pas une vengeance. Cette triste jouissance des âmes
» basses et cruelles n'entre pour rien dans la raison des
» lois : c'est la nécessité de la peine qui la rend légitime ;
» qu'un coupable souffre , ce n'est pas le dernier but
» de la loi ; mais que les crimes soient prévenus , voilà
» ce qui est d'une haute importance. »

Telle est la véritable, la plus saine théorie de la loi
pénale.

La peine est légitime quand elle ne dépasse pas les
droits que la société peut exercer sur l'un de ses membres, quand elle ne s'écarte pas de ce qui est rigoureusement nécessaire pour mettre le coupable hors d'état de
nuire et pour intimider par l'exemple de la répression.

CHAPITRE III

DE LA NATURE DES PEINES ET DE LEUR EFFICACITÉ

Chacun est libre de commettre une action criminelle. Le législateur ne peut enchaîner ni la volonté, ni le bras; mais si la volonté de mal faire n'est pas enchaînée, elle s'arrête devant la menace d'une répression.

Cette répression, qui doit atteindre l'infraction des devoirs imposés par la loi et sauvegarder ainsi l'ordre public, ne saurait s'étendre à l'oubli des devoirs que prescrit la morale.

Ainsi, bien que la morale commande l'amour du prochain, la loi pénale ne saurait atteindre celui qui serait convaincu d'avoir nourri un sentiment de haine contre son prochain.

C'est à la religion éclairée qu'il appartient de faire des hommes de bien; la loi pénale ne peut aspirer qu'à forcer les citoyens à respecter les lois.

Les peines consistent dans la privation d'un bien quelconque, en réparation du tort qu'un individu a pu causer, soit à la société, soit aux individus qui la composent.

La somme de mal que souffre le délinquant est destinée à amener chez lui le repentir.

Ce n'est pas une stérile expiation que la loi pénale poursuit; c'est une réaction qui doit exercer son influence sur le condamné et profiter à la société qui doit être sauvegardée. A ce point de vue, une peine qui détruit celui que la loi veut corriger est contraire à l'esprit de la législation pénale.

La pénalité peut se diviser en deux branches : les peines qui frappent le délinquant dans sa personne, et celles qui le frappent dans ses biens.

Pour les biens réels, nul doute que les hommes n'aient pu les affecter à l'action des lois; mais en est-il de même quant à leur personne?

Si l'on examine la question théoriquement, sans tenir compte de ce que commande la loi de la nécessité, de ce qu'exige le salut public (considérations puissantes devant lesquelles toutes les théories s'effacent), le pouvoir que la société s'arroge de disposer de la vie d'un condamné serait, à bon droit, mis en question. Il n'est pas permis à l'homme d'attenter à son existence; a-t-il pu conférer à la société un droit qu'il n'avait pas lui-même ? Quelques publicistes, et notamment Filangieri, sont allés plus loin ; ils se sont demandé si l'homme pouvait disposer de sa liberté, et si la société avait le droit de la restreindre. Sans doute, la liberté est une conséquence nécessaire de l'existence : cesser d'être libre, c'est subir une atteinte notable aux droits qui sont inhérents à notre qualité d'homme.

Mais, de cela qu'en thèse générale l'homme ne peut pas indéfiniment disposer de sa liberté, s'ensuit-il que la loi ne puisse pas en modifier l'usage ? Il suffit de jeter les yeux sur l'état de l'homme civilisé, pour reconnaître que l'état de société n'est autre chose qu'une modification constante de l'état de liberté. Le soldat est soumis à la discipline militaire ; le citoyen, aux règlements de police ou de sûreté publique ; tous les fonctionnaires, enfin, ont aliéné plus ou moins l'usage indéfini de leur liberté.

Incontestablement, la société, qui a le droit de faire tout ce qui est nécessaire à sa conservation, peut modifier l'usage de la liberté toutes les fois que l'abus lui devient nuisible.

Mais, si l'on admet, en principe, que la société ne peut pas attenter à l'existence des individus, il faut admettre aussi qu'elle ne peut pas attenter à leur liberté de façon à compromettre leur existence. Ainsi, ce serait un acte illicite, de la part de la société, de charger un homme de fers, de le renfermer dans des lieux malsains, de le priver de l'air et de la lumière, de compromettre, en un mot, sa vie par des actes de rigueur. Mais, en lui faisant le moins de mal possible comme homme, la société doit avoir le droit de priver un individu, comme citoyen, de l'usage de sa liberté, lorsqu'il commet une infraction aux lois.

La peine dans son application doit être graduée : la criminalité n'est pas une ; elle présente un grand nombre de degrés.

L'âge, le sexe, l'éducation, les circonstances qui environnent la perpétration du fait criminel, lui donnent plus ou moins de gravité. La peine, pour être juste, doit être proportionnelle au délit.

La graduation devient facile quand il s'agit de la détention ; elle est impossible pour la peine de mort.

Cette peine pèche donc contre le caractère essentiel de la pénalité.

L'expiation infligée au coupable.... la loi du talion... voilà les principes sur lesquels la peine capitale s'appuie .

Ces principes doivent-ils être acceptés de nos jours?

« Il faut, dit Blackstone, que les lois pénales soient
» fondées sur des principes permanents, uniformes et
» universels ; qu'elles soient toujours conformes aux
» règles de la justice et de la vérité, aux sentiments de
» l'humanité, aux droits indélébiles de l'homme. »

« Cependant, ajoute ce publiciste, soit parce que,
» dans la première formation des lois, on n'a pas observé
» ces principes et qu'on leur a substitué les inspirations
» immodérées de l'avarice, de l'ambition et de la ven-
» geance, soit parce qu'on a donné un effet durable à des
» mesures qu'on n'avait introduites que comme tempo-
» raires et prises uniquement d'après l'urgence aiguillon-
» nante du moment, il est arrivé que, chez toutes les
» nations de l'Europe, le Code criminel est plus brut,
« plus imparfait que le Code civil. »

En effet, dans la plupart des matières civiles, les
lois romaines nous régissent encore : ce qui était juste
du temps de l'Empereur Justinien est encore juste de
nos jours ; il n'en est pas ainsi pour les lois criminelles.
La nature des crimes a changé, la carrière s'en est
agrandie à raison des conquêtes faites par la civilisation
et de l'accroissement des richesses. Des crimes inconnus

autrefois ont été signalés de nos jours, car telle est la fatale condition de l'humanité, que le progrès vers le bien traîne toujours après lui un progrès croissant dans le mal.

La nature des peines a dû varier selon les mœurs des nations diverses. A la différence des lois civiles, dont le progrès doit s'opérer lentement, les lois criminelles ont dû suivre tous les mouvements de la civilisation. Les peines étant basées sur le degré de mal qu'on peut infliger à un individu, et nécessitant ainsi l'appréciation de ce qui peut lui procurer du plaisir ou lui causer de la douleur, les lois pénales se lient plus intimement au caractère particulier de chaque peuple.

Le législateur doit donc sentir le besoin de réviser les lois pénales à mesure qu'un progrès se manifeste ; et dans quel siècle ce besoin est-il devenu plus impérieux que dans celui où quelques années suffisent pour changer la forme des empires, pour ouvrir de nouvelles voies au progrès, des champs plus vastes à l'activité humaine ? Sans doute, il est bien difficile d'arriver à cette juste proportion qui doit exister entre la peine et le crime ; le degré de criminalité varie selon la position du coupable ; la peine est plus ou moins sensible selon l'âge, le sexe, les qualités physiques et morales du condamné.

On ne peut donc qu'approcher de cette juste proportion, sans avoir la certitude de l'atteindre.

Mais, si l'expérience signale des peines qui dépassent évidemment le but qu'elles doivent atteindre, que nos mœurs repoussent, que le sentiment public désavoue, n'y a-t-il pas danger à les maintenir?

L'efficacité des peines consiste principalement à atteindre le coupable d'une manière sûre; une peine légère, mais inévitable, est plus susceptible d'intimider qu'une peine violente, mais incertaine.

Si l'on peut admettre que le coupable, avant de commettre un crime, donne une pensée à la peine qu'il va encourir, il faut admettre aussi qu'il calcule les chances qui peuvent lui être favorables. L'intimidation résulte donc moins de la gravité de la peine que de l'impossibilité de s'y soustraire. La proximité de la peine et sa certitude sont les éléments de toute législation pénale.

S'il suffisait de la gravité de la peine dont le criminel est menacé pour arrêter la portée du crime, la religion y aurait pourvu, par la crainte des peines éternelles. Des supplices qui ne doivent avoir aucune fin, un juge qu'on ne peut tromper, auquel on ne peut se promettre d'échapper! voilà, certes, des motifs puissants pour ne pas s'engager dans la carrière du crime !.....

Mais il manque à cette crainte du châtiment, pour être efficace, la certitude, la proximité.

Sans vouloir établir d'analogie entre les menaces de la religion dans un monde futur, et les peines appliquées par la justice humaine, on peut admettre en principe que ce ne sont pas les peines les plus cruelles qui sont les moyens les plus sûrs d'intimidation.

Dracon avait des idées bien peu sages en législation pénale, lorsqu'il disait « que, s'il avait connu une peine plus forte que la peine de mort, il l'aurait insérée dans son Code, contre tous les crimes, parce que tous, disait-il, méritent également la peine la plus sévère (1). »

Cette doctrine est repoussée par la saine raison, et c'est à bon droit que, lorsqu'on a voulu flétrir une loi pénale, on l'a appelée loi draconienne.

La graduation des peines, la juste proportion entre la répression et le délit, c'est là le but que le législateur doit poursuivre.

(1) Plutarque, *Vie de Dracon*.

Cette pensée se produit dès l'origine des sociétés, et la loi du talion, érigée en principe dans les temps anciens, ne tendait pas à autre chose qu'à proportionner la peine au méfait.

Quoique cette idée fût le motif déterminant de la loi du talion, son application était-elle possible? N'était-ce pas une dérision que de punir l'adultère par l'adultère, l'injure par l'injure? Si un borgne avait crevé un œil, fallait-il le priver du seul œil qui lui restait, et, dans ce cas, la peine n'était-elle pas plus forte que le crime? La loi du talion ne pouvait donc être rigoureusement juste dans son application; aussi, sauf quelques rares exceptions, cette loi ne fut appliquée d'une manière absolue chez aucun peuple de l'antiquité.

Le progrès de la civilisation en a eu bientôt fait justice; mais ses traces n'ont pas disparu, et c'est la loi du talion qui nous a légué la peine de mort.

Sous les gouvernements despotiques, on dut être prodigue de cette peine. Considérée comme un moyen de gouverner, la peine de mort devait trouver place dans la législation d'un État soumis à la volonté d'un seul.

Arme jugée nécessaire en matière politique, pouvait-elle être mise en question pour des crimes ordinaires?

L'adoucissement des peines n'a pu se produire que
là où la volonté du peuple a exercé quelque influence
sur la législation.

« Il serait aisé de prouver, dit Montesquieu (1), que,
» dans tous ou presque tous les États de l'Europe, les
» peines ont diminué ou augmenté à mesure qu'on s'est
» plus approché ou plus éloigné de la liberté. »

Ainsi, lorsque Rome, sous les Empereurs, avait
prodigué les peines les plus sévères, ce fut à Rome
libre que fut due la loi *Porcia*, qui supprimait la peine
de mort.

(1) *Esprit des lois.*

CHAPITRE IV

DE LA PEINE DE MORT

Quand on parcourt la variété des tortures inventées pour l'application de la peine capitale ; on demeure convaincu que ce n'est pas une simple répression que l'on entendait exercer, mais un acte de vengeance qu'on voulait accomplir.

Plus on remonte vers les temps anciens, plus on est frappé de l'atrocité des supplices. Il semble que l'esprit humain a mis tous ses efforts à calculer les diversités de douleur qu'on pouvait faire subir à un criminel avant de le priver de la vie.

Était-ce seulement l'intimidation qu'on voulait produire, en donnant le spectacle le plus hideux de tout ce qu'il était possible de faire souffrir à un condamné ?

N'était-ce pas plutôt une expiation, c'est-à-dire une vengeance, que la société voulait exercer ?

L'expression de vindicte publique, qui est arrivée jusqu'à nous, caractérise suffisamment la pensée première qui a présidé à l'organisation de la loi pénale.

Cette expression n'a plus aujourd'hui de raison d'être.

La société ne se venge pas, elle poursuit une légitime répression.

Aussi la peine capitale, qui se présente dans les temps anciens avec ce cortége de tortures qui arrachent la vie par lambeaux à un condamné, qui le font passer par tous les degrés de douleur, qui, au moment où il va rendre le dernier soupir, prolongent son existence pour qu'il puisse souffrir encore, ce luxe de cruautés qui, à la honte du siècle où elles étaient en usage, trouvaient des magistrats pour les sanctionner par leur présence, des exécuteurs pour les accomplir, tout cela a disparu pour faire place au moyen le plus simple, le plus expéditif de satisfaire la justice humaine.

Mais la loi avait-elle assez fait lorsqu'elle avait déclaré que désormais la peine de mort ne serait plus que la *simple privation* de la vie (1)? Cette déclaration, qui

(1) Décret, 26-28 Septembre 1791.

est une critique amère des temps qui l'ont précédée, satisfaisait-elle aux vœux de l'humanité et de la raison?

Elle y aurait satisfait, si la peine de mort était juste et nécessaire.

Mais si cette peine n'est, ainsi que la définit Beccaria, qu'*une guerre de la nation contre un de ses membres*, si sa nécessité n'est pas démontrée, il restera encore un grand pas à franchir, et la société inquiète attendra que ce devoir du législateur s'accomplisse.

Il est des idées qu'on s'efforcerait vainement d'étouffer; elles triomphent tôt ou tard des digues qu'on leur oppose. L'abolition de la peine de mort doit être rangée dans cette catégorie.

Qu'on se transporte dans une cité populeuse le jour d'une exécution capitale. Un échafaud se dresse; le peuple, avide de spectacle, accourt de tous côtés. Il faut à l'homme des émotions; il les recherche, quelle que soit leur nature. Mais, à la vue du glaive de la justice levé sur la tête d'un homme, quelle est l'impression que la foule éprouve?

Si le condamné prend la fuite, il ne trouvera pas un seul bras qui le ramène à l'échafaud; les rangs s'ouvriront pour le laisser passer, et l'exécuteur attendra vainement le patient, qu'il n'ose frapper lui-même qu'en détournant les yeux. D'où viendra donc cette disposition favorable au condamné ?

Cette tendance prend sa source dans la nature du supplice, dans la répulsion qu'il provoque : le sang d'un homme va se répandre ; le cœur se révolte à cette pensée. Le supplice infligé au criminel n'est plus qu'un abus de la force, qu'un acte de cruauté qui fait oublier le crime.

« Ce sont les dernières impressions qui restent, et » on oublie les crimes des plus grands coupables pour » ne se souvenir que du châtiment, s'il a été trop » sévère..... » (1).

« Quand on parle à certaines personnes (a dit » M. Guizot) de l'abolition de la peine de mort, elles » regardent une telle proposition comme dangereuse et » la rangeraient volontiers parmi les chimères qui ont » amené la Révolution. Mais mettez ces mêmes per- » sonnes en présence de l'application ; placez-lez en face » du supplice, il se fera en elles une révolte intérieure

(1) L'Empereur NAPOLÉON, *Histoire de Jules César*, p. 326.

» elles en viendront peut-être à douter de la nécessité
» de la justice (1). »

Si certains esprits apportent à ce spectacle d'autres
dispositions, si un sentiment atroce de curiosité les porte
autour d'un échafaud; si, par une fatalité inconcevable,
des êtres faibles et sensibles peuvent repaître leurs yeux
d'un pareil spectacle, quel fruit la morale peut-elle retirer d'une impression qui satisfait le cœur de ceux qui
la reçoivent, qui fait naître chez eux le besoin d'émotions
pareilles? le désir peut-être de voir un être vivant recevoir sous leurs yeux le coup mortel (2)?

Est-il besoin de s'élever à des théories philosophiques, de se demander si les idées religieuses ne sont
pas blessées par l'application de la peine capitale?

Aux yeux de la religion, le suicide est un crime;
l'homme doit compte à son créateur de la vie qu'il en a
reçue. Lui seul en a mesuré la durée; il n'est pas permis
d'en avancer le terme.

Si la société n'a pas d'autres droits que ceux que
lui confèrent les individus qui la composent, le respect

(1) Discours de M. Jules Favre à la Chambre des Députés.
(2) M. de Sellon (De la peine de mort) cite un exemple de
monomanie homicide provoquée par la vue d'une exécution.

pour la vie humaine est un devoir qu'elle ne peut enfreindre.

Si la peine de mort a été jugée nécessaire, malgré les doutes qui s'élèvent sur sa légitimité, si elle a été inscrite dans les lois de tous les temps, chez tous les peuples, est-ce une raison pour fermer les yeux sur la gravité des scrupules qui soulèvent la conscience de ceux qui sont chargés de l'appliquer?

Repoussée par les idées religieuses, la peine capitale peut-elle se défendre comme une indispensable nécessité?

La société, a-t-on dit, a le droit de se protéger. Lorsqu'elle prive de la vie celui qui a commis un meurtre, elle est dans le cas de légitime défense.

S'il en était ainsi, la peine de mort serait justifiée. Mais quelles sont les conditions nécessaires pour constituer le cas de légitime défense (1)?

« La défense n'est légitime, disent les jurisconsultes, » qu'autant que l'on ne peut conserver sa vie qu'aux dé- » pens de l'agresseur. »

Il faut donc que le péril soit actuel, imminent, et qu'il n'y ait d'autre moyen d'y échapper qu'en donnant la mort à l'agresseur.

(1) Merlin, *Répertoire*, v° *Défense*.

Comment la société pourrait-elle s'autoriser du droit de légitime défense, alors qu'elle inflige la peine de mort à un homme désarmé qu'elle retient dans les fers, qu'elle juge impassiblement et qui n'est plus dangereux pour elle, du moment qu'elle a le pouvoir de le contenir?

« De même, disait Lepelletier Saint-Fargeau à l'Assemblée nationale (1), qu'un individu n'est dans le cas » de légitime défense que lorsqu'il n'a que ce seul moyen » de sauver sa vie, ainsi la société ne peut légitimement » exercer le droit de vie et de mort. »

« Un homme m'attaque, dit Pastoret; je ne puis me » défendre qu'en le tuant : je le tue. Pour que la société » fasse de même, il faut qu'elle ne puisse pas faire au-» trement. »

Or, il est évident que la société peut toujours faire autrement; que, lorsqu'elle frappe de mort un assassin, elle commet un acte de cruauté inutile. Son but n'est pas de se défendre; mais elle exerce une vengeance. A qui persuader, en effet, que, lorsque la société punit de mort un vieillard débile, elle n'ait que ce

(1) *Moniteur*, Mai 1701.

moyen de se préserver du danger que pourrait faire naître son existence ?

Le droit de légitime défense n'existe donc pas : c'est la loi du talion que la société applique, c'est une expiation qu'elle fait subir au condamné.

En 1832, en supprimant la peine de mort dans un grand nombre de cas, on l'a maintenue pour les crimes qui attaquent la vie humaine; n'est-ce pas reconnaître que c'est sur la loi du talion que le principe de cette pénalité se fonde? N'est-ce pas dire, en dernière analyse : *celui qui tue doit être tué ?* Est-ce bien là, dans l'état de notre civilisation, un motif suffisant?

Ce qui faisait surtout le vice de la loi du talion, c'est l'inégalité de la peine; la peine de mort, triste héritage de la loi du talion, consacre cette inégalité. Pour punir un meurtre quelconque, la loi punit de mort le jeune homme comme le vieillard, l'homme vigoureux comme l'homme débile; cependant le prix de la vie est bien plus grand pour celui qui commence sa carrière que pour celui qui a presque achevé de la parcourir (1).

La peine de mort est donc essentiellement inégale;

(1) Dans un article inséré dans le *Journal des Débats*, à propos de l'ouvrage de M. Faustin Hélie sur le Droit cri-

elle est contraire à la religion, elle est en désaccord avec les garanties qui découlent de notre droit public.

L'inviolabilité de la vie humaine résulte essentiellement de ces grands principes qui ont restitué aux citoyens leur dignité d'homme.

L'inviolabilité de la conscience conduit nécessairement à l'inviolabilité de la vie.

minel, un écrivain de mérite, M. Prévost-Paradol, fait remarquer que l'inégalité dans la peine se trouve partout.

« La liberté, dit-il, a plus ou moins de prix selon les » positions sociales.

» Les peines pécuniaires affectent inégalement les hommes » de diverses positions de fortune ; il doit en être de même » de la peine de mort. »

La réponse est que, pour la peine de mort, il n'y a pas de graduation possible ; quant aux autres peines, le juge a une assez grande latitude entre le *minimum* et le *maximum* pour parer à ces inégalités de position.

CHAPITRE V

LA PEINE DE MORT N'EST PAS NÉCESSAIRE

Si le seul moyen de mettre le coupable hors d'état de nuire était de le priver de la vie, on devrait gémir de cette nécessité, mais on serait forcé de s'y soumettre. La société n'aurait pas, pour cela, le droit de vie et de mort ; seulement elle serait excusable en donnant la mort à l'un de ses membres.

Mais est-il vrai que cet excès de rigueur soit nécessaire ?

Quel danger, en effet, peut-il y avoir, pour la société, à laisser la vie, même au plus grand malfaiteur ? Supposez l'être le plus forcené, le plus féroce ; ne lui enlèverait-on pas le moyen de nuire en le privant de sa liberté ?

Mais, dit-on, quelque étroite que soit sa prison, il y aura pour lui possibilité de s'évader, et alors plus de sécurité pour la société dans le sein de laquelle il rentrera. Cette crainte est exagérée ; elle ne peut se produire si la peine de mort est remplacée par la transportation dans des contrées séparées de nous par l'étendue des mers. L'évasion ne peut être qu'une rare exception dont le législateur n'a pas à se préoccuper.

D'ailleurs, une crainte aussi chimérique serait-elle d'un assez grand poids pour faire maintenir la peine de mort ?

L'abolition de cette peine n'amènerait-elle que la suppression de la charge d'exécuteur des arrêts de la justice, ne serait-ce pas un service rendu à la moralité publique ?

N'est-ce pas une triste nécessité que celle qui oblige l'État à créer un office qu'on ose à peine nommer, à instituer un agent dont le nom est regardé comme une injure (1) ?

(1) Les exécuteurs des hautes œuvres ont plaidé pour qu'il fût interdit de leur donner le nom de bourreau. Des arrêts du Parlement sont intervenus pour qu'il fût fait défense de les désigner ainsi.

L'office d'exécuteur était conféré par des lettres patentes ; Loyseau fait remarquer que cet office est le seul auquel aucun honneur ne fût attaché, par la raison que cet emploi, quoique *très-nécessaire*, *est contre nature*. (Samson , *Mémoires de sept générations d'exécuteurs.*)

Que l'homme dégradé, que le criminel soit flétri aux yeux du monde, rien n'est plus naturel ; mais qu'un homme qui n'est coupable d'aucun crime, qui peut, dans la vie privée, être bon père, bon époux, ne s'écartant en rien des règles de la probité, soit l'objet d'une répulsion générale, il faut bien qu'un sentiment d'horreur s'attache à la profession, abstraction faite de la personne.

Et alors, si cette profession est une fonction créée par la loi, que faut-il conclure?

Que c'est à la loi qui a créé la profession que s'adresse la répulsion ; que c'est à la pénalité qui rend cette fonction indispensable que la réprobation doit s'attacher.

Autrefois, la profession d'exécuteur des hautes œuvres se perpétuait dans les mêmes familles, qui étaient fatalement vouées à cette cruelle fonction ; la charge était héréditaire. Il n'en est plus ainsi de nos jours, et, il faut bien le dire, lorsqu'une place d'exécuteur est vacante, il se rencontre des candidats nombreux pour la solliciter....

Cela fait-il que ces sinistres fonctions aient perdu quelque chose de la répulsion qui les poursuit?

Que l'on parcoure tous les pays civilisés, le même

3

sentiment se manifeste partout; il était réservé au régime
de la Terreur de tenter la réhabilitation de l'exécuteur
des hautes œuvres (1) : c'était un instrument politique
indispensable à cette époque.

L'exécuteur est redevenu, depuis, ce qu'il était avant ;
mais, quel que soit le mépris dont ce triste ministère
est environné, tant que la peine capitale est inscrite
dans nos lois, il faut bien que cette fonction soit rem-
plie. Si la moralité publique n'a pas fait encore assez
de progrès pour arrêter ceux qui sollicitent une charge
qui les rabaisse aux yeux du monde, il appartient
au législateur de tarir la source d'une telle ambition,
en supprimant la pénalité qui rend cette charge nécessaire.

L'abolition de la peine de mort enlèvera-t-elle au
Code pénal son efficacité?

Ce moyen d'intimidation disparaissant, la société
sera-t-elle complétement désarmée?

(1) Un représentant du peuple, en mission à Rochefort,
embrassait publiquement tous les exécuteurs de France dans
la personne du citoyen qui exerçait ces fonctions en cette
ville; il l'invitait à dîner et le plaçait à côté de lui, en face
de deux de ses collègues. (*Mémoires de Samson*, t. I, p. 196.)

Là est toute la question. Aujourd'hui que les lumières ont pénétré dans tous les rangs de la société, il n'est personne qui ne désire voir supprimer l'échafaud; mais la crainte s'empare des esprits. L'abolition de la peine de mort ne sera-t-elle pas un encouragement au crime ?

On dirait que, le jour où cette réforme se sera introduite dans les lois pénales, la criminalité n'aura plus de frein.

Le voleur, dit-on, ne s'arrêtera plus devant le meurtre; on verra les assassinats se multiplier; et, dès lors, on se refuse à appliquer le principe de l'inviolabilité de la vie à ceux qui ont eux-mêmes violé ce principe.

Il faut cependant se conformer aux idées de son siècle et se demander, en consultant les faits, si les craintes que soulève la suppression de la peine de mort ne sont pas exagérées.

La question de savoir si on peut sans danger apporter un adoucissement dans l'échelle des peines n'est plus un problème. Le progrès des lumières entraîne une amélioration dans les mœurs; la pénalité s'éloigne de jour en jour de ce caractère de cruauté dont elle portait le cachet, et l'intimidation n'a rien perdu de son efficacité. Cette vérité est constatée par les phases diverses qu'a parcourues l'application de la peine capitale.

Dans les temps anciens, la peine de mort se présente escortée des plus affreux tourments : on s'étudiait à faire précéder la mort du coupable de la plus lente, de la plus douloureuse agonie. De nos jours, ce luxe de tortures a disparu pour faire place au moyen le plus expéditif de faire passer un criminel de la vie à la mort.

S'il fallait baser le degré d'intimidation sur l'intensité de la peine, la terreur inspirée par le dernier supplice devrait être moindre aujourd'hui qu'elle n'était autrefois.

On ne constate pas cependant qu'il y ait eu accroissement dans le nombre des crimes capitaux.

La peine de mort subsiste, il est vrai, bien que son application soit modifiée; mais il est des crimes pour lesquels cette peine a été supprimée, et le nombre ne s'en est pas accru.

La pénalité peut donc être adoucie sans compromettre la société. Le point important est qu'elle soit graduée de façon à ce qu'il ne soit pas indifférent, pour un malfaiteur, de commettre un crime plus grand ou un crime moindre.

« Il ne faut point, dit Montesquieu (1), mener les
» hommes par les voies extrêmes ; qu'on examine la
» cause de tous les relâchements, on verra qu'elle vient
» de l'impunité des crimes et non pas de la modération
» des peines.

« L'expérience, ajoute-t-il, a fait remarquer que, dans
» les pays où les peines sont douces, l'esprit du citoyen
» en est frappé, comme il l'est, ailleurs, par les grandes. »

Cette observation, faite par l'auteur de l'*Esprit des
lois*, réduit à sa juste valeur cette supposition que la
peine de mort peut seule produire une intimidation
capable d'arrêter les grands coupables.

D'ailleurs, si l'on réfléchit sur la nature des crimes
qui amènent les condamnations capitales, on demeure
convaincu que l'intimidation qui naît de la gravité de la
peine est un frein insuffisant.

Le meurtre se produit fréquemment à la suite d'un
autre crime.

Le voleur assassine celui qu'il vient de dépouiller,
pour faire disparaître le témoin qui le dénoncerait.

Quel est le sentiment qui le guide ?

(1) *Esprit des lois*, livre VI, chap. XII.

N'est-ce pas uniquement l'espoir d'échapper aux re-
cherches de la justice ? et alors, que lui importe la peine
de mort ?

Peut-on dire que, si la peine de mort est supprimée,
il n'hésitera jamais à joindre l'assassinat au vol ? Mais
il y aura toujours une distance entre la peine du vol et
celle de l'assassinat. Si l'on admet que le voleur calcule,
il ne s'exposera pas volontairement à une peine plus
forte.

Le voleur, a-t-on dit, s'introduit dans une maison
qu'il croit déserte ; il découvre qu'elle est habitée ; il se
retire pour ne pas être exposé à commettre un meurtre
qui attirerait sur lui la peine de mort. Se retirera-t-il
moins s'il s'expose à la détention perpétuelle ou à la
déportation ?

Le voleur qui tue celui qu'il dépouille compte avant
tout sur l'impunité.

L'empoisonneur arrive à la perpétration de son crime
dans l'ombre ; il est poussé par la cupidité, par la haine,
par des passions qu'il veut assouvir ; il conçoit froide-
ment ses projets sinistres, il les réalise avec lenteur, il
s'environne de ténèbres, il a recours à des substances
qui n'éveillent aucun soupçon, qui ne laissent aucune

trace ; que la peine de mort soit au bout, que lui importe? Deviendrait-il empoisonneur, s'il croyait être découvert (1)?

Placez à côté de ces coupables, se livrant à un vil calcul, ces hommes violents, indociles à l'honneur, à la raison, poussés à l'assassinat par des passions qu'ils sont impuissants à maîtriser; pour ceux-là, qu'importe la gravité de la peine qui les attend?

Ils auront assouvi leur colère, leur ressentiment, sans se demander si la justice pourra les atteindre.

Il en est à raison desquels la justice elle-même hésite.

Des accusés ont comparu devant la Cour d'assises : leur crime était si atroce, qu'on pouvait à peine en concevoir la pensée ; eux, au contraire, d'un œil calme et sec, avouaient tout, rappelaient sans peine toutes les circonstances du crime qu'ils avaient commis. A l'aspect de ces accusés d'une nature si étrange, la conscience des juges était consternée. Comment imaginer un crime sans motif? Peut-il exister des hommes qui deviennent criminels par le seul plaisir de commettre un crime?

(1) « Sur 100 coupables, 99 se bercent de l'espoir de l'impunité. » (Bentham.)

La science répond qu'il existe des monomanies homicides.

Comment les discerner? Y a-t-il quelque moyen infaillible de découvrir l'intégrité de l'état mental?

Dans ce cas, que devient l'intimidation produite par la peine de mort?

Si la peine doit être exemplaire, la détention perpétuelle remplit ce but, bien plus sûrement que la peine capitale; elle offre à ceux qui seraient tentés de commettre un crime une leçon toujours présente. Le supplicié dont la tête a été tranchée est oublié le lendemain; si le spectacle qu'offre une exécution capitale a dû produire une forte impression sur ceux qui en ont été les témoins, ce n'a été que l'impression d'un moment, et les hommes ont plus besoin, pour devenir meilleurs, d'une impression moindre, mais constante, que d'une impression plus forte, mais passagère.

Si ces considérations n'étaient pas déterminantes, il en est une dernière plus décisive.

Les condamnations sont le fruit des jugements des hommes: hors les cas très-rares de flagrant délit, c'est sur des présomptions que les arrêts de condamnation sont rendus. Des présomptions, lorsqu'il s'agit de la vie d'un homme !... C'est pourtant par cette lueur incertaine que la justice est réduite à se laisser guider; le crime s'environne de ténèbres, et les rayons de la vérité parviennent difficilement à les percer.

Il n'est point d'accusation, pour si vérifiée qu'elle soit, qui n'offre une chance en faveur de l'innocence de l'accusé. Comment se déterminer à appliquer une peine irréparable? Si c'est sur la tête d'un innocent qu'on appelle le glaive de la justice, quelle source éternelle de remords ne s'ouvre-t-on pas? Les annales judiciaires fournissent plus d'un exemple d'une condamnation prononcée contre un accusé dont l'innocence a été plus tard reconnue.

Récemment, et à quelques mois d'intervalle, deux erreurs judiciaires ont été solennellement constatées, et, grâce à l'admission des circonstances atténuantes, qui avait permis au jury d'écarter la peine de mort, une grande injustice a pu recevoir réparation.

Une fille accusée de parricide, condamnée à la suite d'aveux qui lui avaient été suggérés par le désir d'échapper à de nouvelles tortures, a vu son innocence constatée par la condamnation des véritables coupables.

Un fait identique s'est produit devant la Cour de Bastia.

Les deux crimes étaient frappés, par la loi, de la peine capitale. Quelle pénible impression ne doit-on pas éprouver en songeant que, sans l'intervention du pouvoir arbitraire confié au jury, deux innocents auraient péri sur l'échafaud !...

En présence d'un pareil danger, n'est-il pas à désirer qu'une peine irréparable soit effacée de nos codes?

CHAPITRE VI

LA PEINE DE MORT N'ATTEINT PAS LE BUT QUE LA
LÉGISLATION PÉNALE SE PROPOSE

La peine de mort atteint-elle le but que le législateur se propose?

Une peine ne peut être efficace si l'on n'a pas la certitude que le juge l'appliquera sans hésitation.

On aurait beau se le dissimuler, il s'est formé, autour de la peine capitale, un courant d'idées qui tôt ou tard doit amener sa suppression; ce n'est plus qu'une question de temps.

Cette vérité a été solennellement reconnue dans la discussion qui a eu lieu à la Chambre des Députés, lors de la loi de 1832 qui a modifié le Code pénal.

Voici comment s'exprimait le Garde des Sceaux:
« Toutes les fois que l'on s'occupe de législation pénale, » la question de l'abolition de la peine de mort est la » première et la plus haute qui s'offre à la pensée.

» Réclamée par des publicistes et des philosophes,
» et mise en pratique dans quelques pays, l'abolition
» de la peine de mort est un des vœux les plus ardents
» de beaucoup d'amis de l'humanité....

» Le projet de loi a été conçu dans la pensée qu'une
» abolition totale et immédiate n'est pas praticable.

» Maintenue dans la législation comme épouvantail
» pour le crime, la peine de mort pourra peut-être dis-
» paraître plus tard, lorsque sa suppression *sera devenue*
» *en harmonie avec les mœurs publiques.* »

Le rapporteur de la Commission, M. Dumon,
ajoutait :

« La Commission n'a point soulevé la question de la
» légitimité de la peine de mort, question grave qui
» trouble la conscience et qui embarrasse la raison, mais
» que résout, contre les doutes de la philosophie et les
» scrupules de l'humanité, la pratique de tant de peuples
» et de tant de siècles.

» Votre Commission s'est associée de tous ses vœux
» aux efforts philanthropiques qui poursuivent l'abolition
» de cette peine. Mais l'intérêt même de cette cause
» sacrée, que le mauvais succès d'une tentative hasardée
» pourrait compromettre ; l'intérêt de la société, qu'on

» ne peut désarmer de la protection la plus efficace sans
» lui en avoir assuré une autre non moins énergique,
» quoique moins sanglante ; l'état du pays et des opinions,
» tout nous a déterminé à penser qu'*une abolition gra-*
» *duelle était seule raisonnable et possible*, et nous avons
» cru marcher assez avant dans cette voie par l'admission
» des circonstances atténuantes, par une incrimination
» plus équitable du complot, et par la suppression de la
» peine de mort dans les cas où la vie des personnes ne
» peut pas être compromise (1). »

En présence de l'exemple de tant de peuples et de
tant de siècles, le législateur n'ose pas supprimer la
peine de mort, mais il veut arriver à une suppression
graduelle....

Ce vœu, hautement exprimé, n'est-il pas la condamnation absolue de la peine capitale ?

La question est jugée en principe ; il ne s'agit plus
que de l'opportunité.

Que deviennent alors ces résistances absolues qui se
produisent ? Pourquoi admettre, comme une chose
avérée, que la suppression de la peine de mort doit

(1) *Moniteur*, séance du 11 Novembre 1831.

nécessairement contribuer à accroître le nombre des crimes capitaux ? Le législateur n'a-t-il pas tranché la question, en 1832, en supprimant la peine de mort dans un grand nombre de cas? Ne s'agit-il pas seulement aujourd'hui de savoir s'il est possible de faire un pas de plus? Nos mœurs tendent-elles à s'adoucir? Les crimes deviennent-ils plus nombreux?

Ces questions sont graves, sans doute; elles appellent non pas seulement les entraînements des philanthropes, mais le mûr examen des jurisconsultes et des législateurs. C'est cet examen réfléchi qui est sollicité.

La situation actuelle ne le commande-t-elle pas ?

Le législateur a décrété, en 1832, *l'abolition graduelle.*

C'est au jury que l'on a confié le soin de marcher dans cette voie par l'admission des circonstances atténuantes.

L'admission des circonstances atténuantes, dans l'esprit de la loi de 1832, ne serait donc qu'un moyen détourné pour permettre au jury de repousser l'application de la peine de mort!...

Envisagées à cet aspect, les circonstances atténuantes dénaturent l'esprit de la législation pénale; elles invitent les jurés à arriver, à l'aide d'une fiction, à la suppression d'une peine que les mœurs publiques ne sanctionnent plus.

En se plaçant au point de vue où s'est placé le législateur en 1852, le maintien de la peine de mort n'est plus possible.

Bentham (1), énumérant les inconvénients qui s'attachent au maintien de la peine capitale, les résume en ces termes :

« Le premier inconvénient de la peine de mort est » de relâcher la procédure criminelle. Le second, de » fomenter trois principes vicieux :

» 1° Le parjure, qui semble devenir méritoire quand » il a pour motif l'humanité ;

» 2° Le mépris des lois, quand il est de notoriété publique qu'on ne les exécute pas ;

» 3° L'arbitraire dans les jugements et dans les par- » dons, palliatifs nécessaires d'un système odieux, mais » palliatifs pleins d'abus et de dangers. »

Si tous les jurés chargés de prononcer sur une accusation capitale ne sont pas hostiles, par sentiment ou

(1) *Théorie des peines*, p. 276.

par principe, à la peine de mort, il en existe un grand nombre qui reculent devant son application.

Ceux-là sont réduits à éluder la loi par une fraude pieuse.

Le palliatif des circonstances atténuantes est-il suffisant ?

Singulière position que celle d'un juré qui, en face d'un parricide, de ce crime que Solon n'avait pas prévu, parce qu'il ne pensait pas qu'il pût se produire, est réduit, pour éluder la peine de mort, à déclarer, contre toute vraisemblance, qu'il existe des circonstances atténuantes !...

Il y a là tout à la fois, selon l'expression de Bentham, le parjure et le mépris des lois.

Il y a, de plus, l'arbitraire porté à sa plus haute expression.

Le fondement de l'ordre social, c'est le respect pour les décisions de la justice.

N'est-il pas à craindre que ce respect ne soit affaibli si, à la place de l'application de la loi, on substitue la volonté arbitraire du juge ?

« La peine de mort soulevant un sentiment de répulsion, il en résulte, dit Bentham (1), disposition dans

(1) *Loc. cit.*, p. 230.

» les parties lésées à ne pas poursuivre les coupables ,
» par la répugnance de les conduire à l'échafaud ;

» Disposition dans le public à favoriser leur évasion ;

» Disposition dans les témoins à soustraire leur
» témoignage ou à l'affaiblir ;

» Disposition dans les juges à une prévarication misé-
» ricordieuse en faveur des accusés. »

Si de ces dangers, qui s'attaquent au respect pour
la justice, on passe à des considérations d'une autre
nature, on peut dire que la peine de mort est nuisible
à la société plutôt que profitable.

Détruire le meurtrier, c'est lui enlever le moyen de
réparer le tort qu'il a causé à la famille privée de l'un
de ses membres.

« La peine de mort, dit encore Bentham (1), ne
» donne point de dédommagement à la partie lésée, elle
» en détruit la source. »

D'autre part, la société peut avoir intérêt à garder
un coupable : en le livrant à l'échafaud, elle se prive
d'une ressource qui peut devenir nécessaire, quand il
s'agit, par exemple, de découvrir une affiliation de mal-
faiteurs, de connaître les complices d'un crime.

(1) *Loc. cit.*, p. 230.

4

Il arrive fréquemment qu'on est obligé de surseoir à une exécution capitale pour attendre des révélations, pour opérer une confrontation.

Si la nécessité de ces révélations ou de ces confrontations ne se produit qu'après l'exécution du condamné, la justice est privée d'un de ses éléments.

On a vu des crimes épouvantables commis par des hommes qui cultivaient les arts, les sciences, qui pouvaient se livrer à des travaux utiles, faire des découvertes précieuses. Ne serait-il pas à désirer qu'on pût substituer à la peine qui les détruit une répression qui, en leur permettant de revenir au bien par le repentir, ne privât pas la société des services qu'ils auraient pu lui rendre ?

Ces considérations sont sans doute éloignées, mais elles méritent d'être pesées quand il s'agit du prix que l'on doit attacher à la vie d'un homme.

CHAPITRE VII

————

On ne se dissimule pas les graves objections que soulève la peine de mort ; mais , aux yeux d'un grand nombre d'hommes dont les lumières et l'expérience ne peuvent être mises en doute , c'est désarmer la société que de lui enlever ce moyen puissant d'intimidation.

Dans un article fort remarquable inséré dans la *Revue contemporaine,* un Magistrat (1) qui , en principe , n'hésite pas à considérer l'abolition de la peine de mort comme devant se réaliser un jour , signale ce fait que , tandis qu'un grand nombre de philanthropes et de publicistes réclament la suppression de la peine capitale, les législateurs des divers États repoussent énergiquement cette réforme.

« Ainsi , dit-il , la proposition d'abolir la peine de

(1) M. Bonneville de Marsangy, N° du 15 Juillet 1861.

» mort a été rejetée, en France, par l'Assemblée Con-
» stituante, en 1791 ;

» Par la Convention, en Brumaire an IV ;

» Par le Conseil d'État, en 1810 ;

» Par les Chambres, en 1821, en 1830 et 1832 ;

» Par la Constituante, en 1848 ;

» Par la Législative, en 1849 ;

» Par le Sénat, en 1854, en 1861 et en 1864. »

En regard de ces nombreux rejets de la proposition d'abolir la peine de mort, ne doit-on pas être frappé de la persistance avec laquelle la suppression de cette peine est réclamée ? N'y a-t-il pas là un signe éclatant de la répulsion que soulève la peine capitale ? Ce vœu, si souvent renouvelé, souvent rejeté, mais toujours repro-duit, doit-il éternellement rester stérile ?

« Le jour viendra-t-il, disait au Sénat le premier » Président de Thorigny, où la peine de mort pourra » être supprimée ? Qui n'en saluerait pas avec joie » la possibilité ? Mais, en présence des crimes inouïs » qui épouvantent la société, faut-il briser le glaive de » de la loi ? »

Ainsi, tandis qu'il y a unanimité dans les esprits pour désirer l'abolition de la peine de mort, qui froisse tous les sentiments généreux, on la maintient de crainte de briser le glaive de la loi !....

On comprend la marche lente de la législation, lorsqu'il s'agit de renoncer à un moyen de répression usité de tous les temps et chez tous les peuples.

On comprend que le législateur craigne que l'exagération d'un sentiment philanthropique ne mette en péril la société ; que le crime ne trouve plus, dans la loi pénale, un frein suffisant.

Ces considérations sont puissantes, sans doute ; elles expliquent les hésitations de la législation, la lenteur avec laquelle elle procède.

Mais ne serait-ce pas opposer une barrière à toute espèce de progrès que de maintenir une disposition législative par cela seul qu'elle serait ancienne ?

La civilisation croissante n'amène-t-elle pas chaque jour l'abandon de lois qui ont vieilli, de mesures de rigueur que l'état de nos mœurs ne comporte plus ?

Pourquoi en serait-il autrement de la peine de mort ?

Les craintes que fait naître sa suppression fussent-elles aussi réelles qu'on le suppose, serait-ce une raison pour ne pas tenter une expérience dont il sera toujours aisé d'arrêter les dangers ?

Est-il bien vrai, d'ailleurs, que la suppression de la peine de mort doive produire infailliblement un accroissement de crimes capitaux?

Consultons les opinions émises, par des autorités compétentes, sur cette grave question.

« Est-ce qu'un supplice permanent, disait le Tribunal » d'appel de Turin dans ses observations sur le Code » pénal, ne serait pas plus redouté qu'un supplice mo- » mentané? N'a-t-on pas à craindre que l'atrocité des » peines ne nuise à leur efficacité?

» Tout le monde sait que la Russie, le margrave de » Bade, l'empereur Joseph II, et surtout le grand-duc » de Toscane, se trouvèrent bien de la douceur de leurs » lois criminelles. »

Un autre Tribunal d'appel s'expliquait encore d'une manière plus positive contre la peine de mort.

« Dans une république, disait le Tribunal de Rennes, » où les citoyens attachent le plus grand prix à la liberté, » la peine capitale devrait être l'esclavage. En partant » d'un principe qui ne saurait être contesté, savoir : que » la loi ne doit établir que des peines strictement et ri- » goureusement nécessaires, il n'y aurait pas à balancer » d'abolir à jamais la peine de mort, qui, dans l'opinion

» personnelle de quelques membres du Tribunal , n'est
» ni nécessaire , ni utile , et d'y substituer un travail
» perpétuel et forcé , qui punirait sans contredit plus
» utilement que la mort un criminel que la paresse ,
» l'oisiveté , la misère , ont le plus souvent engagé dans
» le crime. »

Tel était, en 1810 , le langage tenu par des Magistrats
qui , mûris par les leçons de l'expérience , ne se laissaient pas séduire par des utopies.

Ceux qui veulent le maintien de la peine de mort la
considèrent comme le plus puissant moyen d'intimidation. Est-il bien vrai qu'il en soit ainsi chez les natures
perverses ?

Ne pourrait-on pas dire que les grands coupables qui
entrent résolument dans la carrière du crime ont fait
d'avance le sacrifice de leur vie ?

» Ne savais-tu pas, disait un criminel, sur le gibet,
» à son compagnon d'infortune, que nous étions sujets
» à une maladie de plus que les autres hommes (1) ? »

» J'ai vu, dit Livingston (2), la veille de son exécu-
» tion , un homme pour lequel je m'étais employé,

(1) Mercier, *Tableau de Paris*.
(2) Rapport sur le projet de Code pénal pour la Louisiane.

» répliquer d'un air d'indifférence, aux offres de conso-
» lation et aux témoignages d'intérêt que je lui manifes-
» tais : *N'est pas de joueur qui toujours gagne*. J'en ai
» entendu un autre dire en ricanant : *Ce n'est qu'un saut,*
» *un coup de pied, un tressaillement, et tout est fini.*

» Le célèbre Cartouche disait, en parlant du *dernier*
» *supplice* : Ce n'est qu'un *mauvais quart d'heure*. »

On voit presque toujours les plus grands coupables
entendre leur condamnation à mort avec calme, et la
subir avec énergie.

Combien d'exemples ne citerait-on pas ?

La *Gazette des Tribunaux* fourmille de pareils traits.
L'on y voit chez la plupart des condamnés, chez ceux du
moins dont la nature est la plus perverse, la plus froide
impassibilité s'unir souvent à la jactance, à l'ironie et
au sarcasme (1).

(1) Tout récemment, l'exécution de Jacques Latour, condamné par la cour d'assises de l'Ariége, a fourni un exemple
de tout ce que peut offrir de plus hideux un cynisme révol-
tant manifesté avec rage jusqu'au moment fatal... Quelle
moralité peut-on tirer d'un pareil spectacle ?... Un autre
condamné, Lemaire, âgé de moins de 30 ans, a montré la
même forfanterie, bravant la mort jusqu'au dernier instant,
n'ayant d'autre regret que celui de n'avoir pu ajouter au
meurtre qu'il avait commis, celui de son père !...

S'il en est d'autres que les apprêts du dernier supplice glacent d'effroi, qu'on est réduit à traîner sur
l'échafaud, qui n'y arrivent qu'à l'état de cadavre, ceux-
là sûrement, au moment de la perpétration de leur
crime, n'ont pas songé à la peine qui les attendait. S'il
en eût été autrement, la crainte du dernier supplice les
aurait arrêtés.

On doit si peu compter sur l'efficacité de l'intimidation pour prévenir les crimes capitaux, qu'on a pu
voir, dans la même famille, le père, le fils, les petits-
fils, périr successivement sur l'échafaud.

Dans le congrès de jurisconsultes tenu à Gand, on
signalait que, sur 200 condamnés à mort, 180 avaient
assisté à des exécutions capitales.

La crainte de la mort ne les avait donc pas retenus :
où ils ne pensaient pas au supplice dont ils avaient été
témoins, ou ils espéraient y échapper.

L'intimidation serait-elle moins puissante si, au lieu
d'être menacés du dernier supplice, les coupables
avaient à craindre une détention perpétuelle? On peut
citer des faits qui attesteraient que la crainte de
l'emprisonnement solitaire, par exemple, a paru

plus effrayante à certains coupables que la peine de mort (1).

La *Gazette des Tribunaux* a rapporté le fait d'un forçat qui, fatigué de la vie du bagne, avait tué un de ses gardiens pour encourir une condamnation capitale.

Le suicide ne se présente-t-il pas sous mille formes diverses?

La crainte de la mort a-t-elle la même efficacité sur tous les hommes, dans toutes les positions, sous la pression de circonstances diverses?

On ne saurait l'admettre d'une manière absolue.

Sans contredit, en thèse générale, la peine de mort doit inspirer plus de terreur que la détention perpétuelle (2).

(1) Howard, p. 132, *de l'Emprisonnement solitaire*.

M. Ducpétiaux (*de la Peine de mort*), M. de Sellon (*Lettre sur le concours de Genève*), citent à l'appui les faits suivants:

En 1759, le roi d'Angleterre ayant commué la peine de mort prononcée contre 23 personnes de Newgate en celle des travaux à perpétuité, 6 préférèrent la mort.

Le même fait se serait reproduit en Amérique: lorsque la peine de mort fut abolie, sur 2 condamnés qui auraient pu profiter du bénéfice de la loi nouvelle, il y en eut 1 qui refusa.

(2) On a remarqué que les condamnés à mort ne manquent jamais de se pourvoir en cassation; on pourrait faire observer que très-souvent les condamnés ne se laissent fléchir que

Il est dans la nature humaine de reculer d'effroi devant la privation de la vie ; et l'on conçoit que, lorsque le coupable est devant ses juges, ses efforts tendent à se soustraire au dernier supplice.

C'est ainsi que, comme le remarque judicieusement le Magistrat déjà cité (1), dans les accusations pour crimes capitaux, tous les efforts de la défense tendent à obtenir le bénéfice des circonstances atténuantes.

Mais, de cela que la privation de la vie est le plus grand mal qui puisse être infligé au coupable, s'ensuit-il que la peine de mort doive être maintenue comme le plus haut degré d'intimidation ? S'ensuit-il que, si cette peine est remplacée par la déportation dans des régions éloignées et la séquestration perpétuelle, on puisse dire que la loi pénale sera dépouillée de tout moyen d'intimidation ?

Ce serait nier la possibilité d'adoucir les lois pénales, et c'est là l'unique question que soulève l'abolition de la peine de mort.

par les instances réitérées de leur défenseur. On peut en citer qui refusent de se pourvoir en dernier lieu, Jacques Latour, condamné par la cour d'assises de l'Ariége.

(1) M. Bonneville de Marsangy.

Il ne s'agit pas de céder à un sentiment de pure phi-
lanthropie, de compromettre la sécurité de la société, et
de choisir entre la peine de mort et l'impunité; il s'agit
de remplacer la peine de mort par un moyen de répression, sinon aussi cruel, du moins réunissant les caractères de la plus dure, de la plus extrême rigueur, et
sauvegardant la société au même titre.

La peine de mort supprimée, s'ensuivra-t-il nécessairement un accroissement de meurtres et d'assassinats?
La question est jugée par l'expérience faite.

Avant 1789, d'après le relevé fait par le Magistrat
déjà cité (1), la peine de mort était prononcée dans
115 cas.

En 1791, cette peine a été réduite à 52 cas.

Le Code pénal de 1810 en a réduit l'application à
27 cas.

En 1832, il n'en a plus resté que 17.

La suppression de la peine capitale en matière politique n'en a laissé subsister que 15.

Les circonstances atténuantes ont réduit l'application
de la peine de mort d'une manière arbitraire et indéfinie.

(1) M. Bonneville de Marsangy, *loc. cit.*

A-t-on constaté qu'il y ait eu accroissement dans les crimes capitaux ?

Le Garde des Sceaux, dans le rapport de 1855, constatait que les grands crimes avaient considérablement diminué.

Que devient alors cette crainte de désarmer la société en remplaçant la peine de mort par une séquestration perpétuelle ?

Dans l'article cité, on va jusqu'à dire que, si la peine de mort était supprimée, le peuple se ferait justice lui-même en appliquant la loi de Lynch.

Cela serait bon si la loi accordait l'impunité au coupable ; mais où est la possibilité d'appliquer la loi de Lynch au coupable que la justice aura condamné à la déportation ?

Chaque jour ne voit-on pas des assassins, des parricides, grâce aux circonstances atténuantes, condamnés aux travaux forcés à perpétuité ?

Le peuple se soulève-t-il pour les attacher au gibet ?

Ce sont là des craintes chimériques.

Les grands crimes susciteront toujours l'horreur et le dégoût ; mais la justice humaine sera satisfaite lorsque le coupable aura subi une peine qui sauvegarde la société.

D'ailleurs, est-il bien vrai que la crainte de la mort soit toujours un frein suffisant pour arrêter la pensée du crime ?

Si l'empoisonnement, l'assassinat, le parricide, sont placés à une énorme distance de tous les autres crimes, ceux qui s'en rendent coupables sont ou égarés par les passions, ou doués d'une telle énergie de volonté, que la crainte de la mort ne saurait les retenir.

C'est sur ceux-là que l'intimidation devrait agir, et non pas sur ceux dont la volonté est flottante et qui ne s'engagent dans le crime que parce qu'ils y sont poussés par des circonstances exceptionnelles qui excluent ou paralysent toute réflexion et tout calcul.

Or, c'est sur les grands criminels surtout que la crainte de la mort est inefficace.

Quand on signale la peine de mort comme le plus puissant moyen d'intimidation, on ne tient pas assez compte de la nature de ceux sur qui cette intimidation devrait agir.

Dans combien de circonstances ne voit-on pas les hommes affronter la mort de sang-froid ?

Sans vouloir établir d'analogie entre ce qui est généreux et digne d'éloge et ce qui n'inspire que l'horreur, la crainte de la mort arrête-t-elle ceux qui accomplissent un devoir ?

Le soldat sous les drapeaux ne brave-t-il pas la mort sous toutes les faces ?

Faut-il rappeler ces nombreuses victimes qui, pendant le cours de la Révolution, luttaient d'énergie en montant sur l'échafaud ? Quels étaient ceux chez qui ce régime, appelé régime de la Terreur, faisait taire leurs convictions, arrêtait l'élan de leurs pensées, l'accomplissement de ce qu'ils croyaient être leurs devoirs ?

C'était sans doute une idée généreuse qui exaltait leur esprit et grandissait leur courage. Mais l'exaltation qui, chez les âmes honnêtes, se produit pour le bien, chez les âmes dépravées ne se produit-elle pas au même degré pour le mal ?

La crainte de la mort agit sans doute puissamment sur l'esprit ; mais ne voit-on pas les hommes, dans des positions diverses, ne pas craindre de s'exposer à un danger de mort ? Combien de malheureux ouvriers se déterminent à travailler dans des manufactures, dans des mines, au péril de leurs jours, ne se dissimulant pas qu'ils s'exposent à une mort toujours imminente ? La crainte de la mort n'a donc pas une puissance telle qu'aucun autre moyen d'intimidation ne puisse la remplacer.

« La sentence de mort, disait le ministre de New- »gate (1), qui avait eu le temps et les moyens d'observer »les condamnés à mort, ne produit presque aucun »effet sur les prisonniers; la plupart des condamnés à »mort pensent à toute autre chose qu'à se préparer à ce »moment (2). »

Pendant que l'un de leurs compagnons d'infortune allait subir le dernier supplice, on a vu des condamnés jouer, plaisanter, sans songer que le même sort les attendait le lendemain (3).

« Je crois, dit encore un témoin compétent, le mi- »nistre de Newgate déjà cité, qu'une exécution produit »un moment de saisissement et d'horreur sur la jeu- »nesse et l'inexpérience; mais l'impression n'est pas

(1) C'est à Newgate que sont renfermés, en Angleterre, les condamnés.
(2) Livingston, p. 79.
(3) Livingston rapporte des faits nombreux, constatés par des hommes qui avaient observé les condamnés dans les prisons.
« L'exécution d'une partie des coupables, dit l'un d'eux, » n'affecte en rien les autres condamnés, qui attendent leur

» durable, et la scène est à peine terminée, que l'image
» en est effacée. Les vétérans expérimentés disent que
» la chance a tourné contre le patient, que cela ne prouve
» rien, et qu'on doit s'attendre à ces accidents; mais leur
» esprit ne reçoit aucune impression sérieuse. »

Une exécution capitale n'est, en général, qu'un objet
de curiosité. On a vu des gens avides de repaître leurs
regards du spectacle d'un supplicié; des femmes, des
enfants, ont pu arrêter leurs yeux sur ce hideux
tableau.

Le législateur a cru ouvrir au peuple une source de
réflexions morales; il ne lui a offert que le spectacle
d'une horrible tragédie.

Sans doute, les esprits calmes, réfléchis, sont frappés
par la vue d'une exécution capitale; mais ceux-là n'ont
pas besoin de l'intimidation. Leur nature, leur éducation,
les éloigneront de la pensée du crime.

» leur immédiatement. Ils jouent à la paume, bouffonnent
» et raillent comme s'il ne s'agissait de rien. »
    « Durant une de mes sessions comme Magistrat, dit un
» autre, on conduisit devant moi trois personnes accusées
» d'émettre de faux billets. Dans le cours de l'examen, je
» découvris que la circulation de ces billets partait d'une
» chambre occupée par un nommé Weter, exécuté la veille
» pour le même crime. »

Ainsi, l'intimidation agit sur ceux qui n'en ont pas besoin ; elle est inefficace sur ceux qui sont portés au crime par leur nature.

Ne pourrait-on pas dire que le spectacle d'une exécution capitale a ses dangers, au lieu d'offrir un moyen d'intimidation assez puissant pour prévenir les crimes ?

Lorsque la Révolution multipliait en France les échafauds, on voyait des enfants, poussés par un fatal instinct d'imitation qui n'est que trop naturel aux hommes, guillotiner des chats, des poulets ; donner, en un mot, tous les signes d'une férocité de mœurs dont les événements offraient un si funeste exemple (1).

Nous sommes bien loin, sans doute, de ces temps de troubles ; mais n'y a-t-il pas quelque péril à habituer le peuple à voir trancher la vie d'un homme ? N'est-ce pas réveiller dans son esprit des instincts de cruauté ? N'est-ce pas desservir le progrès de la civilisation, qui tend à adoucir les mœurs au lieu de leur donner un cachet de barbarie ?

« L'expérience a démontré, a dit un homme émi-

(1) Charles Lucas, *de la Peine de mort.*

» nent (1), que ces échafauds où ruisselle le sang pré-
» sentent plus de dangers que d'avantages. *Ils corrompent*
» *plus qu'ils n'effraient.* Pénétrés de frayeur devant ce
» sacrifice de l'individu, les nations étrangères ont voulu
» dérober ces spectacles à la curiosité publique ; au lieu
» de l'ancienne exécution à midi, en place de Grève, on
» construit furtivement l'échafaud pendant la nuit, à la
» porte même de la prison. Cela seul ne suffit-il pas à
» montrer la déplorable nécessité à laquelle la société
» se voit réduite ? »

(1) M. Bérenger (mémoire lu à l'Académie des sciences
morales et politiques), cité par M. Jules Favre dans son
discours à la Chambre des Députés, en faveur de l'abolition
de la peine de mort.

CHAPITRE VIII

CONTINUATION DU MÊME SUJET

Ce n'est pas de nos jours seulement que la légitimité et la nécessité de la peine de mort ont été mises en question.

Si nous consultons l'histoire des peuples, tant anciens que modernes, nous voyons que, bien que la peine de mort fût admise par la législation criminelle, cependant une certaine hésitation en environnait l'application.

Le condamné qui buvait la ciguë chez les Grecs, et qui sortait de la vie par un suicide, offrait une sorte de protestation contre la peine de mort. Il semblait qu'on n'osait pas livrer un homme aux mains du bourreau, et que personne ne croyait pouvoir s'arroger le droit de verser le sang de son semblable.

Chez une autre nation de l'antiquité, la même idée

se présentait d'une manière plus saisissante ; lorsque l'on conduisait aux dieux des victimes humaines, le peuple saluait le patient par ces mots : *Tu n'es pas un homme, mais un taureau;* s'efforçant de se persuader que ce n'était pas le sang d'un homme qu'on allait répandre.

Les Romains, dans leurs supplices, semblaient encore s'arrêter devant la peine de mort, et c'était peut-être une manière détournée d'échapper à la responsabilité d'un homicide, que de livrer les condamnés aux bêtes féroces.

Dans la lapidation, l'exécution de la sentence de mort n'était pas l'œuvre d'un seul.

Lorsqu'on livrait le coupable aux parents de la victime, c'était moins la peine de mort qu'on appliquait, qu'un acte de vengeance autorisé par la justice.

En parcourant les divers modes usités dans les temps anciens pour la punition des coupables, on est conduit à cette pensée que les peuples ont hésité devant l'application de la peine capitale ; il semble qu'ils aient reculé devant la création des fonctions d'exécuteur des hautes œuvres.

Long-temps avant l'ère chrétienne, bien que la peine

de mort fût inscrite dans la loi, plusieurs docteurs hébreux avaient élevé la voix contre son application.

« Un Tribunal peut être appelé sanguinaire, disaient
» les docteurs talmudistes, quand il prononce la peine
» de mort une fois chaque soixante-dix ans. »

« Si nous eussions été membre de la haute Cour,
» ajoutaient-ils, nous n'eussions jamais condamné un
» homme à mort (1). »

C'était se conformer religieusement à cet enseigne-
ment consigné dans les livres saints, où Dieu ne frappe
pas de mort le premier meurtrier.

La peine de mort, il est vrai, était écrite dans la
législation de Moïse; elle était en usage chez tous les
peuples de l'antiquité; mais on pourrait se demander
s'il existait alors d'autres moyens efficaces pour sauvegarder la société.

Les États anciens disposaient-ils de tous les moyens de
surveillance qui existent de nos jours pour prévenir les
crimes? Y avait-il des lieux de détention, des moyens de
séquestration organisés comme ils le sont aujourd'hui?

Les États étaient-ils assez bien gardés pour que l'exil

(1) Salvador, *Histoire des institutions de Moïse et du
peuple hébreu*, t. II, p. 6.

pût empêcher un assassin de porter le trouble dans son pays?

De cela que la peine de mort a été jugée nécessaire dans les temps anciens, il ne faut pas conclure qu'elle soit indispensable de nos jours.

Si les docteurs hébreux repoussaient la peine de mort, l'Évangile ne lui est pas moins contraire.

Dieu, y est-il dit, ne veut pas la mort du pécheur, mais sa conversion.

« Il ne faut pas, dit Saint Augustin, envoyer les cri-
» minels au dernier supplice ; il vaut mieux les condamner
» à des travaux utiles. »

Si ce Père de l'Église a admis en principe le droit de punir de mort, on voit qu'il n'en conseille pas l'application.

Le véritable esprit de la religion chrétienne est donc contraire à la peine de mort. *L'Église a horreur du sang,* disait un vieil adage.

Ce n'est pas que ce principe ait toujours été respecté.

Il n'y avait pas de sang répandu dans les auto-da-fé, où des milliers de victimes montaient sur le bûcher.

L'inquisition, il est vrai, n'acceptait pas la responsabilité de ces exécutions. Elle livrait le condamné au

bras séculier, et, dans les sentences qu'elle rendait, elle avait le soin d'insérer que l'évêque et l'inquisiteur prieraient efficacement les juges séculiers de sauver la vie et la mutilation des membres au condamné (1).

C'était, en réalité, une recommandation illusoire; mais il y avait, au fond, un hommage rendu à l'inviolabilité de la vie humaine.

La peine de mort a donc toujours été enveloppée d'un sentiment de réprobation qui protestait contre sa légitimité.

Si, de ce qui se manifestait dans les temps anciens, nous passons aux idées émises dans les temps modernes, nous voyons la nécessité de la peine de mort sérieusement contestée par de graves autorités.

« Pendant le règne tranquille des lois, disait Cathe-» rine II (2), et sous une forme de gouvernement ap-» prouvée par les vœux réunis d'une nation, dans un » État défendu contre les ennemis du dedans et soutenu » au dehors par la force et par l'opinion, il ne peut y » avoir aucune nécessité d'ôter la vie à un citoyen. »

(1) Durand de Maillane, *Dictionnaire du droit canonique,* v. *Inquisition.*
(2) Instruction pour la rédaction du Code pénal.

« Nous avons reconnu, disait le grand-duc Léopold (1),
» avec la plus vive satisfaction pour notre cœur paternel,
» que la modération des peines, jointe à la plus exacte
» vigilance pour prévenir les crimes, moyennant la
» prompte expédition des procès et la promptitude et
» certitude de la peine appliquée aux délinquants, bien
» loin d'en augmenter le nombre, a considérablement
» diminué les plus communs : c'est pourquoi nous avons
» pris la détermination de ne pas différer davantage la
» réforme de la législation criminelle, en abolissant, par
» une maxime constante, la peine de mort comme non
» nécessaire. »

Ce n'étaient pas des princes étrangers seulement qui
s'élevaient contre la peine de mort : en France, des
Magistrats illustres appelaient de tous leurs vœux une
réforme que d'autres États réalisaient.

« Peut-être, disait l'avocat général Servan, ne som-
» mes-nous pas éloignés du temps où des lois criminelles,
» plus douces et plus humaines, fermeront les blessures
» qu'ont faites quelques lois trop rigoureuses ; et qui
» sait jusqu'où notre ouvrage peut aller ? Qui sait si

(1) Préambule de la loi qui abolit la peine de mort.

» nous n'imiterons pas cette auguste souveraine qui
» marque l'avénement de son règne par l'abolition de la
» peine de mort? Qui sait si l'humanité ne volera pas
» de l'extrémité du Nord vers nos contrées?

» Embrassons cette idée : elle honore, elle console le
» cœur humain ; du moins, ne la rejetons pas avec cette
» précipitation dont on nous accuse pour tant d'autres
» vérités salutaires ; examinons avant de nous révolter,
» et n'imitons pas toujours ces enfants qui maltraitent
» leurs nourrices sitôt qu'elles veulent les sevrer. L'homme
» ne juge des objets que par comparaison, et tel est notre
» esprit, *qu'un supplice nous paraîtra rigoureux dès*
» *qu'il sera moins doux que tous les autres.* »

L'avocat général Servan, rappelant l'incertitude des
jugements humains, ajoutait :

« Après les terribles exemples de l'innocence con-
» damnée, osez dire à ce malheureux accusé : *Cela est ;*
» *c'est toi qui l'a fait, et tu mourras.* »

« Comme la nature, disait Duport à l'Assemblée
» nationale, vous défendez le meurtre ; ne contrevenez-
» vous pas à cette loi de la nature, lorsque vous assas-
» sinez le meurtrier? »

« Je voterai toujours, disait M. de Lally-Tollendal à

» la Chambre des Pairs, pour restreindre la peine de
» mort; j'appuierai quiconque proposera de l'abolir. »

Si à ces autorités, déjà si imposantes, il fallait en
ajouter d'autres, on pourrait citer Montesquieu (1),
Beccaria (2), Mably (3), Filangieri (4), Pastoret (5),
Legraverend (6), Larochefoucault (7), J. Bentham (8),
Livingston (9), sir Samuel Romilly (10), et une foule
d'autres publicistes non moins éminents de toutes les
nations. Des magistrats, des cours souveraines, ont
dès long-temps signalé les dangers de la peine de mort;
la triste expérience qui constate *l'humiliante incertitude
des jugements humains* (selon l'expression du premier
président de Sèze) ne suffirait-elle pas, à elle seule, pour
légitimer la suppression d'une peine irréparable?

« Tant que les hommes, dit Bentham, n'auront aucun

(1) *Esprit des Lois*, liv. VI, XII et XV.
(2) *Des Délits et des Peines*, liv. XVI.
(3) *De la Législation*, liv. III, ch. IV.
(4) *Science de la législation.*
(5) *Lois pénales.*
(6) *Commentaires du Code pénal.*
(7) *Les Prisons.*
(8) *Traité de législation civile et pénale.*
(9) *R. sur le projet de Code pénal pour la Louisiane.*
(10) *Obs. sur les lois criminelles en Angleterre.*

» caractère certain pour distinguer le vrai du faux, une
» des premières sécurités qu'ils se doivent réciproque-
» ment, c'est de ne pas admettre, sans une nécessité
» démontrée, des peines absolument irréparables.

» N'a-t-on pas vu toutes les apparences du crime s'ac-
» cumuler sur la tête d'un accusé dont l'innocence était
» démontrée quand il ne restait plus qu'à gémir sur les
» erreurs d'une précipitation présomptueuse? Faibles et
» inconséquents que nous sommes ! Nous jugeons comme
» des êtres bornés, et nous punissons comme des êtres
» infaillibles (1). »

(1) Bentham, *Traité de législation civile et pénale.*

CHAPITRE IX

PEINE DE MORT SUPPRIMÉE DANS DIVERS ÉTATS

On s'effraye à l'idée de la suppression de la peine de mort, et il semble que, si cette peine était abolie, le nombre des crimes capitaux ne manquerait pas de s'accroître.

Cependant, l'histoire nous offre l'exemple de plusieurs États où cette abolition a pu exister sans que le nombre de crimes ait augmenté. Sous la république romaine, où la loi Porcia avait supprimé la peine de mort, les crimes capitaux étaient moins fréquents qu'ils ne le furent sous les empereurs ; le respect que les lois affichaient pour la vie des citoyens avait contribué puissamment à améliorer les mœurs ; et de même que, lorsque Tibère et Néron prodiguaient la mort autour d'eux, leur exemple grossissait le nombre des crimes, de même les lois douces de la république, qui durèrent deux

cents ans, façonnaient les mœurs à l'exemple de modération qu'elles offraient (1).

Pendant le cours du moyen âge, la peine de mort
était supprimée de fait.

Les anciens Germains ne connaissaient que la composition pour expier tous les crimes particuliers; ils
n'admettaient d'exception que pour ceux qui intéressaient
la sûreté de l'État; ils pendaient les traîtres et noyaient
les poltrons (2).

Cette jurisprudence des anciens Germains était celle
de toutes les nations septentrionales. Les Irlandais
l'avaient adoptée, et, dans le Code d'Alfred-le-Grand,
une conspiration contre la vie du roi s'expiait en payant
une amende. Il en était de même sous Guillaume-le-
Conquérant. L'un et l'autre avaient supprimé la peine
de mort pour tous les crimes autres que celui de tra-
hison, et même, dans ce dernier cas, la composition était
admise.

Cette législation fut reçue, en France, sous la première
et la deuxième race de nos rois, et l'on peut dire que,

(1) Tite-Live, liv. X, chap. IX.
(2) Tacite.

en fait, la peine de mort était supprimée pendant cette période du moyen âge.

A cette époque de guerres continuelles, où la force d'une nation consistait dans le nombre d'hommes valides, on conçoit le prix que le législateur devait attacher à la vie d'un homme. Toutefois, hâtons-nous de reconnaître que la composition, qui assurait l'impunité au coupable, faussait essentiellement l'esprit de la législation pénale.

L'impunité du meurtrier devait ouvrir la voie aux vengeances particulières.

Sans contredit, dans l'état de nos mœurs, une pareille législation ne serait pas admissible.

Mais il n'en est pas moins vrai que, pendant une longue période, l'application de la peine de mort a pu disparaître. On ne croyait donc pas que la mort infligée au coupable fût le seul moyen de prévenir les crimes.

Les calculs de MM. Livingston et Bradfort constatent que, dans la Louisiane et la Pensylvanie, le nombre de crimes a diminué depuis que la peine de mort a été abolie.

Il en est de même à New-York, dans le Maryland et le Connecticut (1).

(1) Edouard Ducpetiaux, *de la Peine de mort.* Bruxelles.

L'histoire d'Angleterre atteste que, sous Alfred, qui avait aboli la peine de mort, le nombre des crimes était peu considérable ; il n'en était plus ainsi depuis que l'on avait pu compter, dans les lois pénales, deux cent soixante crimes entraînant la peine de mort (1).

En Russie, sous le règne d'Élisabeth, le nombre des criminels avait considérablement diminué, et la suppression de la peine de mort était tellement passée dans les mœurs, que lors de la condamnation de Pougatchef, Catherine éprouva une répugnance extrême à signer l'arrêt de mort. « Quand on a un membre malade, » disait-elle, on cherche plutôt à le guérir qu'à le

(2) *Recueil de Montaigu.*

La profusion de la peine de mort assurait l'impunité aux coupables ; on a vu, en Angleterre, une réunion de banquiers adresser une pétition au Parlement pour supprimer la peine de mort pour le crime de faux. Ce crime se multipliait outre mesure, vu qu'il restait impuni, les jurés ne voulant pas appliquer la peine capitale.

Lorsque le vol de 40 schellings était puni de mort, on a vu le jury anglais déclarer, dans 555 cas en 15 ans, que le vol n'était que de 39 schellings, bien que la somme volée fût supérieure.

Mitter-Mayer, *la Peine de mort.* (*Revue germ.*, livrais. de Septembre 1862.)

» couper (1). *Il faut,* ajoutait-elle ; *punir le crime sans*
» *l'imiter. La peine de mort n'est presque toujours qu'une*
» *barbarie inutile.* »

« Les lois, dit Marie Stuart, dans un de ses sta-
» tuts (2), faites pour le maintien de la société, qui
» n'imposent pas de grandes peines, sont plus souvent
» observées que celles qui portent des peines excessives. »

L'empereur d'Autriche François-Joseph II, dont le
nom se rattache à de salutaires réformes, supprima la
peine de mort (3) ; mais les troubles qui marquèrent les
dernières années du règne de ce prince paralysèrent
ses intentions.

Charles-Frédéric, margrave de Bade et Durlach, in-
troduisit la même réforme dans ses États, et le XVIIIᵉ
siècle semblait destiné à la voir inaugurer partout dans
la législation pénale.

C'est dans le duché de Toscane surtout que ce principe d'humanité reçut une éclatante sanction. Léopold
remplaça la peine de mort par les travaux forcés à perpétuité ; sous son règne, qui dura vingt-cinq ans, on

(1) Levêque, *Histoire de Russie.* — M. de Ségur, *Mémoires.*
(2) Blackstone, t. VI, p. 220, note.
(3) Code pénal, 1787, art. 20.

6

ne signala que 5 crimes capitaux , tandis que , dans le
même espace de temps , il se commettait 2,000 assassinats dans les États-Romains.

« L'expérience a démontré , disait le grand-duc Léo-
» pold , que les peines cruelles n'ont que des incon-
» vénients , et que la répression pénale doit se proposer
» comme but , outre la sécurité publique et l'exemple ,
» l'amélioration du coupable , dont on ne doit jamais
» désespérer. »

Les conquêtes de la civilisation s'opèrent lentement.
On a dit , avec raison , que le progrès s'accomplit sans
que sa marche soit toujours ascendante ; quelquefois on
signale un pas en arrière.

Il en a été ainsi de la suppression de la peine de
mort.

En Toscane notamment , où elle avait été supprimée
en 1786 , on la trouve rétablie dans la législation en
1795.

Les nécessités politiques , qui absorbaient les esprits ,
les éloignaient des idées philanthropiques qui s'étaient
fait jour et qui avaient eu déjà leur consécration.

Mais les mœurs publiques ne ratifiaient pas ce retour
vers des institutions solennellement condamnées.

La révolution de 1830 , qui eut son retentissement dans divers États de l'Europe, et qui présageait une participation plus efficace de la volonté nationale à la confection des lois , ne passa pas inaperçue en Toscane.

Dès 1832 , on n'y signalait aucune exécution.

En 1838 , une loi exigea l'unanimité des juges pour appliquer la peine de mort.

En 1847 , un fait significatif se produisit. Une exécution capitale devait avoir lieu à Florence ; ce jour-là , toutes les maisons furent fermées, les rues furent désertes , le peuple était en prières dans les églises ; pas un seul individu ne parut sur la place où devait avoir lieu l'exécution (1).

Frappé de cette protestation énergique , le grand-duc régnant ne put résister à un vœu qui se manifestait avec tant d'énergie ; l'abolition de la peine de mort fut renouvelée.

Des événements ultérieurs amenèrent un changement dans la législation; la Toscane , faisant partie du royaume d'Italie , fut soumise à la loi générale.

Cependant, dans le royaume d'Italie, les idées marchaient vers l'abolition absolue.

(1) Mitter-Mayer, *de la Peine de mort.*

Là, comme en France, on mitigea la rigueur des peines par l'admission des circonstances atténuantes.

Mais, en 1865, la question a été solennellement discutée à propos de l'unification de la législation, et la Chambre des Députés de Turin avait voté l'abolition de la peine capitale pour tous les crimes de droit commun, en ne maintenant cette peine que dans le Code militaire et maritime, et dans la loi sur le brigandage.

Ainsi la suppression de la peine de mort, qui n'existait que pour la Toscane, était étendue à l'entier royaume d'Italie.

Ce vœu, manifesté par la Chambre des Députés, n'a pas été sanctionné par le Sénat; mais cet ajournement d'une réforme réclamée par l'opinion publique, décrétée par un des premiers corps de l'État, ne peut être de longue durée.

Les États où la peine de mort est supprimée deviennent chaque jour plus nombreux.

En Allemagne, l'Assemblée de Francfort a prononcé l'abolition de la peine capitale.

Dans un congrès de jurisconsultes allemands tenu à Gand, la majorité s'est prononcée pour la suppression.

La peine capitale est supprimée dans les duchés d'Oldembourg et Nassau ;

En Amérique, dans les États de Michigan et Rhode-Island, Wisconsin ;

En Suisse, dans les cantons de Fribourg, de Neufchâtel (1), et plus récemment dans celui de Zurich.

La suppression de la peine de mort, demandée par la Chambre des Députés de Lisbonne, a été récemment consacrée par la législation (2).

Cette peine vient d'être supprimée dans le duché de Bade, à Genève, dans la Colombie.

Une Commission a été nommée, par le gouvernement anglais, pour étudier cette grave question dont la solution est vivement réclamée par l'opinion publique.

A ces faits, qui sont de nature à faire impression sur les esprits, on répond que, si la peine de mort peut être supprimée sans dangers dans de petits États, il ne pourrait en être ainsi dans les grands (3).

(1) Mitter-Mayer, *la Peine de mort.* (*Revue germ.*, 16 Août 1862.)

(2) On a remarqué qu'en Portugal, il n'y avait pas eu de condamnation capitale depuis dix-huit ans. Les mœurs sont-elles plus douces en Portugal qu'en France?

(3) M. Bonneville de Marsangy, article cité.

La suppression de la peine de mort en Russie, sous Catherine, réduirait cette objection à sa juste valeur ; mais il n'y a pas une bonne raison à donner pour déclarer impossible, dans de grands États, une réforme qui serait praticable dans un petit.

La civilisation, qui entraîne avec elle l'adoucissement des mœurs, a-t-elle fait moins de progrès en France que dans le grand-duché de Bade, par exemple ? On ne saurait le soutenir.

Les esprits y sont tout aussi disposés en faveur de l'adoucissement de la pénalité, et on pourrait dire avec fondement qu'il n'y a pas de pays où la suppression de la peine de mort ait été aussi souvent agitée qu'en France, et y ait trouvé dans les esprits plus de sympathies.

CHAPITRE X

En France, la question de l'abolition de la peine de mort a été plusieurs fois soulevée ; elle y a été même résolue, pendant un certain temps, dans le sens de la suppression.

A l'Assemblée Constituante, la suppression de la peine de mort fut réclamée.

Des débats animés s'engagèrent. Parmi ceux qui soutenaient l'abolition, figure Robespierre (1). Si sa

---

(1) « Aux yeux de la vérité et de la justice, disait-il, les
» peines de mort que la société ordonne avec tant d'appareil
» ne sont autre chose que de lâches assassinats, que des
» crimes solennels commis, non par des individus, mais
» par des nations entières, avec des formes légales.
» Ravir à l'homme, ajoutait-il, la possibilité d'expier son

voix eût réussi à faire supprimer l'échafaud, qui sait si l'on eût osé le rétablir !...

Il est triste de remarquer que plusieurs membres du clergé s'opposaient à la prise en considération (1) d'une proposition aussi conforme aux vœux de la religion et de l'humanité.

En l'an IV, lorsque la France était saturée de sang et de massacres, de nouvelles réclamations s'élevèrent : Condorcet, Fonfrède, Lanjuinais, demandèrent de nouveau la suppression de la peine capitale.

Un décret du 6 Brumaire an IV supprima la peine de mort à dater du jour où la paix générale serait proclamée.

On croyait entrevoir, dans un avenir prochain, la possibilité de faire disparaître cette peine ; mais il n'en fut

» forfait par des actes de vertu, lui fermer impitoyablement
» tout retour à la vertu, à l'estime de lui-même, se hâter de
» le faire descendre pour ainsi dire dans la tombe tout cou-
» vert de la tache récente de son crime, est à mes yeux le
» plus honteux raffinement de la cruauté. »

(1) Un ecclésiastique dit : « Ne trouvons-nous pas, dans la *sainte Bible*, l'usage de la peine de mort ? »

Duport répond : « Ne sait-on que, dans la *Bible*, Dieu dit que Caïn ne soit pas mis à mort ? »

pas ainsi, et, en l'an X (1), un décret la rétablit jusqu'à ce qu'il en fût autrement ordonné.

Un décret de la même année rétablissait l'esclavage dans les colonies, tandis que l'Assemblée Nationale l'avait supprimé d'une manière absolue.

Ces deux questions, suppression de la peine de mort, suppression de l'esclavage, ont entre elles une grande affinité ; c'est toujours le respect de la dignité humaine qui est en jeu.

La question de l'abolition de la peine de mort est demeurée en suspens pendant un long intervalle.

Si l'on s'arrête au décret de l'an X, cette peine est rétablie jusqu'à ce qu'il en soit autrement ordonné.

Le législateur admettait donc qu'il pouvait en être ordonné autrement.

En 1810, un système de rigueur dut prévaloir. Bien que le génie qui gouvernait la France fût à la hauteur de toutes les idées de liberté et de progrès, néanmoins il devait être entraîné à réagir contre des tendances trop libérales.

Dans le projet de Code pénal présenté au Conseil

(1) Ventôse.

d'État, la question du maintien de la peine de mort
était posée (1).

Malgré les doutes soulevés et les opinions émises
en faveur de sa suppression, la peine capitale fut
maintenue.

Le Code de 1810 se montre même prodigue de cette
peine.

On ne pouvait guère, à une époque si voisine des
bouleversements qui avaient profondément remué la
société, songer à un adoucissement dans la pénalité.

L'esprit philanthropique s'effaçait devant les nécessités
gouvernementales. Mais on n'arrête pas aisément le
cours des idées, qui ont leur fondement dans la conscience
publique.

La peine de mort avait été trop solennellement com-
battue pour que tout espoir de la voir effacer de la
législation pénale fût perdu.

(1) On lit dans les propositions soumises à la discussion:
9e question: *La peine de mort sera-t-elle conservée?*
10e question : Y aura-t-il des peines perpétuelles?
12e question : Les juges auront-ils une certaine latitude
dans l'application des peines?

Y aura-t-il un *maximum* et un *minimum* pour être
appliqué suivant les circonstances?

En 1828, la question de sa suppression était mise au concours en même temps, à Paris, par la Société de la morale chrétienne, et, à Genève, par un philanthrope, M. de Sellon.

Un grand nombre d'écrits se produisirent (1); plusieurs furent livrés à l'impression, et la répulsion qu'inspirait l'application de la peine capitale dut s'accroître dans les esprits.

On se préoccupait surtout des dangers de l'application de la peine de mort en matière politique.

Un remarquable écrit, dû à la plume de M. Guizot, tout en maintenant la peine capitale en matière ordinaire, démontrait la nécessité de sa suppression pour les crimes politiques.

Chose étrange! Beccaria qui, l'un des premiers, avait si éloquemment soutenu la thèse de l'abolition de la peine de mort, faisait une exception pour les crimes politiques....

La différence des temps explique cette anomalie.

Lorsque Beccaria écrivait, on concevait qu'une révolution politique pût dépendre de l'existence d'un homme;

(1) Cette Étude est le développement d'un Mémoire envoyé à ce double concours.

aujourd'hui, les révolutions tiennent à des principes et non à des individus, et c'est le cas de reconnaître la justesse de cette réponse d'un Irlandais à qui on présentait la tête de son fils exécuté pour crime politique: « *Mon fils a plusieurs têtes.* »

La nécessité de la suppression de la peine de mort en matière politique était généralement admise.

La révolution de 1830 devait donner satisfaction aux vœux qui s'élevaient de toutes parts.

De prime abord, la question fut portée devant les Chambres, sur la proposition de M. de Tracy. L'abolition absolue avait été admise par la Chambre des Députés; elle fut repoussée par la Chambre des Pairs. Ce n'était là que le prélude des réformes que le législateur devait accomplir.

En 1832, le Code pénal fut révisé. L'idée dominante était l'adoucissement de la pénalité. La question du maintien de la peine de mort se dressait en première ligne.

On reculait devant l'abolition absolue: on n'hésitait pas devant la suppression en matière politique; mais on ne dissimulait pas que la législation devait marcher vers l'abolition complète.

Ainsi, en prononçant la suppression dans tous les cas où la vie humaine d'était pas attaquée, le rapporteur de la Commission n'hésitait pas à déclarer que, en marchant vers la suppression absolue, une *abolition graduelle était seule raisonnable et possible.*

L'abolition était donc admise en principe; il ne s'agissait plus que de son opportunité.

La révolution de 1848 semblait devoir inscrire dans son programme l'abolition définitive de la peine capitale : on s'étonne qu'il n'en ait pas été ainsi.

Le temps a manqué sans doute pour opérer cette grande réforme, qui devait entrer essentiellement dans les idées républicaines.

Il faut constater, cependant, que si, sous la législation actuelle, la peine de mort n'est pas supprimée de droit, on a eu la pensée de la supprimer de fait.

C'est dans ce but qu'a été conçu le système des circonstances atténuantes.

CHAPITRE XI

———

L'introduction des circonstances atténuantes était destinée à offrir au jury un moyen, sinon de supprimer,
du moins de rendre plus rare l'application de la peine
capitale.

Qu'est-il résulté de ce système?

Les circonstances atténuantes ont été indistinctement
appliquées à tous les crimes, et, tandis que le Code
pénal procédait par des peines moins fortes qui s'ac-
croissaient en raison des circonstances aggravantes, la
nouvelle législation a maintenu les peines les plus élevées, en les adoucissant à l'aide des circonstances
atténuantes.

Ainsi, il peut arriver qu'un crime commis avec des
circonstances aggravantes (comme le vol à main armée
sur un grand chemin) soit frappé d'une peine inférieure

d'un degré, parce que, à côté des circonstances aggravantes, le jury aura déclaré qu'il existe des circonstances
atténuantes. Comment concilier ces deux choses?

Si le système des circonstances atténuantes a été
conçu en vue d'éviter l'application de la peine de mort,
n'est-ce pas dénaturer l'institution du jury?

Que devient l'avertissement donné aux jurés de ne
pas se préoccuper de la peine encourue par l'accusé?

« Ils manquent à leurs premiers devoirs, disait le
» législateur de 1810, lorsque, pensant aux dispositions
» des lois pénales, ils considèrent les suites que pourront
» avoir, par rapport à l'accusé, les déclarations qu'ils ont
» à faire.... »

Et pourtant, c'est uniquement de la peine que se
préoccupent les jurés, lorsqu'ils délibèrent sur l'admission des circonstances atténuantes.

La loi l'a voulu ainsi.

Indépendamment de ce que ce système dénature
l'institution du jury, n'est-ce pas ouvrir la porte à un
moyen détourné qui entache la pureté des décisions
judiciaires?

L'admission des circonstances atténuantes là où elles
n'existent pas, et dans l'unique but d'éviter l'application

d'une peine rigoureuse, n'est-ce pas l'arbitraire substitué à la volonté de la loi ?

L'admission des circonstances atténuantes, pour réduire au-dessous du *minimum* les peines édictées, accuse un vice dans la législation pénale.

La loi qui fixe un *minimum* et un *maximum* dans la pénalité impose aux juges l'obligation d'apprécier les circonstances qui accompagnent le délit ou le crime.

Il faut bien que le juge reconnaisse des circonstances atténuantes lorsqu'il applique le *minimum* de la peine au lieu du *maximum*.

Que faut-il pour qu'il puisse descendre d'un degré, ainsi que le veut la loi de 1832 ?

Il ne faut pas seulement qu'il existe des circonstances atténuantes, mais il faut que le juge reconnaisse qu'il y a des circonstances plus atténuantes que celles qui motivent le *minimum* de la peine.

Le Code de 1810 était plus logique.

L'ancien article 463 était ainsi conçu : « Dans le cas » où la peine d'emprisonnement est portée par le présent » Code, *si le préjudice causé n'excède pas 25 fr., et si* » *les circonstances paraissent atténuantes*, les Tribunaux » sont autorisés à réduire l'emprisonnement au-dessous

» de six jours, ou même de le remplacer par
» l'amende. »

Ainsi, deux choses étaient exigées par le législateur
de 1810 : un préjudice moindre de 25 fr., des circonstances atténuantes.

Le Code de 1832 dispose, d'une manière générale
et absolue, que les circonstances atténuantes autorisent,
dans tous les cas, le juge à descendre d'un degré,
même à l'égard du récidiviste.

On a signalé, avec raison, l'abus qui avait été fait
de cette faculté trop étendue, apportant au Code pénal
de 1810 une modification profonde, ou plutôt en dé-
truisant presque en entier l'économie.

Cet état de choses a appelé une révision de la loi
pénale : on l'a modifiée dans certaines de ses dipositions,
et notamment, en ce qui concerne l'application des
circonstances atténuantes devant les Tribunaux correctionnels, la faculté illimitée accordée aux juges a été
restreinte (1).

On a critiqué cette réforme comme tendant à augmenter

(1) Loi du 1er Juin 1863, portant modification de plusieurs
dispositions du Code pénal.

la rigueur de la loi pénale, alors que, dans l'état de nos
mœurs, il convient bien plutôt de l'adoucir.

Assurément, l'adoucissement des peines est un co-
rollaire forcé du progrès de la civilisation; mais cet
adoucissement doit entrer ouvertement dans la loi, par
un remaniement général et complet de l'échelle de la
pénalité.

Si le *minimum* est limité de façon à laisser au juge
toute latitude pour avoir égard aux considérations diverses qui militent en faveur du condamné, l'application
des circonstances atténuantes n'aura plus de raison
d'être, ou ne devra avoir lieu que dans des cas exceptionnels, spécialement définis par la loi.

En thèse générale, entre le *minimum* de la peine et le
maximum, le juge doit trouver le moyen de donner satisfaction aux circonstances atténuantes.

Il n'y a pas lieu d'insérer dans la loi une disposition
spéciale.

Au grand criminel, l'admission absolue des circonstances atténuantes, qui n'est qu'un palliatif imaginé
par le législateur de 1852, en vue de la suppression
graduelle de la peine de mort, doit disparaître de la
législation pénale.

C'est un état transitoire qui doit trouver un terme.

On ne peut pas admettre que, lorsqu'il existe dans la loi une disposition qui frappe le meurtre de la peine de mort, il soit au pouvoir du jury d'abroger cette disposition.....

Et lorsqu'on songe que, d'après les rapports du Ministre de la justice, cette abrogation a lieu sept fois sur dix accusations, l'abus est trop manifeste pour qu'il n'appelle pas un remède.

Il y a nécessité de réviser en entier le Code pénal; toutes les modifications partielles auxquelles on s'est livré n'ont, en dernière analyse, d'autre résultat que celui de vicier dans son principe la législation pénale.

Au grand criminel surtout, ce vice est devenu si frappant, qu'il y a péril pour le respect dû à la justice, si cette faculté indéfinie laissée au jury est maintenue.

Si la peine de mort est repoussée par nos mœurs, pourquoi chercher à en rendre l'application moins fréquente à l'aide d'une altération de la vérité? Mieux vaudrait inscrire dans la loi que la peine de mort ne sera pas appliquée lorsque le jury, dans son verdict, en émettra le vœu.

N'est-ce pas là, en définitive, le résultat auquel

aboutit l'admission arbitraire des circonstances atténuantes?

A cet égard, l'hésitation n'est plus admissible en
présence des faits qui se produisent journellement devant les Cours d'assises.

Il est impossible de ne pas être frappé de la répulsion
systématique que le jury manifeste en faisant l'application des circonstances atténuantes.

Ainsi, un fait des plus graves s'est produit devant la
Cour d'assises du Haut-Rhin (1).

Un parricide, commis avec les circonstances les plus
odieuses, amenait sur les bancs trois accusés.

Il était impossible de trouver, dans les éléments du
débat, aucune considération favorable; tout inspirait
l'horreur et le dégoût.

Les défenseurs, reconnaissant l'inutilité de leurs
efforts pour repousser l'accusation, se retranchaient
dans une seule thèse : celle relative à l'application de la
peine.

Envisageant cette question au point de vue philosophique, ils contestaient la légitimité de la peine de mort

(1) Voir le *Droit* du 25 Mai 1864.

et invitaient le jury à en écarter l'application par l'admission des circonstances atténuantes.

Vainement le procureur général s'efforçait-il de ramener le débat dans le cercle circonscrit par la loi ; obligé lui-même de suivre les défenseurs sur le terrain où ils s'étaient placés, il proclamait la nécessité de la peine capitale, le danger que sa suppression ferait courir à l'ordre social.

En face de la question ainsi posée, le jury, faisant violence à la vérité des faits, admet des circonstances atténuantes là où le crime commis ne pouvait inspirer que l'horreur et le dégoût.

Une aussi énergique protestation n'est-elle pas faite pour avertir le législateur ?

En 1832, le Garde des Sceaux renvoyait l'abolition de la peine de mort à l'époque où *cette suppression serait devenue en harmonie avec les mœurs publiques.*

La décision des jurés du Haut-Rhin, admettant des circonstances atténuantes là où il était matériellement impossible d'en trouver, n'est-elle pas une preuve éclatante que la peine de mort n'est plus en *harmonie avec les mœurs publiques ?*

Il est bien vrai que si, pour certains jurés hostiles

à la peine de mort, les circonstances atténuantes sont, de droit, admises dans les crimes capitaux ; pour d'autres, plus scrupuleux dans l'appréciation des faits, le crime reste ce qu'il est.

Dans certains cas, il y a abus des circonstances atténuantes.

Dans d'autres, une pénalité repoussée par les mœurs publiques se maintient.

Ainsi, le sort d'un accusé dépend, non pas d'un texte de loi, mais du hasard qui a présidé à la composition du jury.

Vainement le droit de grâce vient-il s'interposer entre le condamné et l'échafaud.

Le droit de grâce ne peut pas s'exercer toujours ; il faut que la clémence du souverain soit provoquée par des circonstances exceptionnelles.

D'ailleurs, le droit de grâce, comme tous les autres palliatifs, accuse le vice de la loi.

Si la loi est bonne, il faut l'exécuter.

Si elle est mauvaise, il importe de la réformer.

Que le droit de grâce s'exerce lorsque la loi a reçu son application, lorsque le condamné a mérité miséricorde par sa conduite ultérieure, cela se conçoit.

Mais que le droit de grâce intervienne immédiatement après la condamnation, c'est dire ou que le juge n'a pas sainement appliqué la loi, ou que la loi est vicieuse, puisqu'elle ne donne pas au juge assez de latitude pour faire bonne justice.

Quelle position, d'ailleurs, pour le souverain appelé à prononcer sur une demande en grâce!.... Quel moyen existe-t-il pour discerner le cas où il y a lieu de faire grâce, de celui ou il faut laisser la justice suivre son cours?

Ce n'est plus au Tribunal qui, lié par la rigueur de la loi, prononce son jugement; c'est au souverain que l'on demande miséricorde.

Tout ce qui peut émouvoir le cœur d'un homme est mis en mouvement, et, dans un temps où l'échafaud inspire une répulsion universelle, le chef de l'État est réduit à faire violence à ses sentiments d'humanité en confirmant l'arrêt de mort (1).

N'est-il pas à désirer que de si cruelles nécessités cessent de se produire?

La réprobation que soulève la peine capitale se ma-

(1) Il était d'usage, en Portugal, que le roi brisât la plume avec laquelle il avait signé un arrêt de mort. (Mitter-Mayer, *de la Peine de mort.*)

nifeste d'une façon si énergique, si générale, qu'on peut signaler une tendance à dérober au public la vue d'une exécution.

L'intimidation qui, dans l'esprit de la loi, s'attache à la peine capitale, nécessiterait la plus grande publicité donnée aux exécutions; afin que la crainte parvînt au plus grand nombre.

Au risque de diminuer l'efficacité de l'intimidation, on a senti le besoin de restreindre cette publicité. Ce ne sont pas les places publiques que l'on choisit pour théâtre d'une exécution; afin de produire plus d'impression sur les masses.

C'est dans des lieux écartés, c'est au point du jour, que la justice humaine est satisfaite.

Malgré ces précautions, qui annoncent un sentiment de répulsion contre la peine capitale, l'échafaud est encore entouré d'un nombre considérable de curieux; des populations arrivent des points les plus éloignés. Quel est le sentiment qui les guide?

Est-ce l'intimidation, que ces hommes, ces femmes, ces vieillards, ces enfants, viennent chercher? N'est-ce pas plutôt un spectacle, qui les attire d'autant plus qu'il semble qu'on a voulu le dérober à leurs yeux?

L'exécution récente du docteur La Pommerais vient d'en offrir un déplorable exemple.

Des milliers d'individus avaient passé la nuit aux abords de l'échafaud dressé. On y voyait des femmes en insultantes toilettes, quittant l'orgie pour se donner les émotions d'un pareil spectacle. On aurait vainement cherché, dans cette foule empressée, un seul individu conduit par un sentiment honnête, cherchant à puiser dans ce terrible exemple une source de réflexions, conduisant sa femme ou ses enfants pour leur inspirer l'horreur du crime.

Quel fruit la société peut-elle retirer de ces sanglantes expiations?

On est bien mieux inspiré dans certaines parties des États-Unis, où les exécutions ont lieu dans une enceinte fermée, loin des regards du public. Si l'on s'y résigne à appliquer la peine capitale, du moins on ôte un aliment à une déplorable curiosité.

CHAPITRE XII

DE LA DÉPORTATION

La peine de la déportation doit remplacer efficacement la peine de mort.

La peine capitale supprime le coupable en lui ôtant la vie ; la déportation le supprime en lui laissant l'espoir de revenir au bien, lorsque les privations auront fait descendre dans son cœur le repentir, qui peut réformer les natures les plus rebelles.

Pour la société, sécurité absolue : le coupable, transporté à mille lieues de sa patrie, détenu dans une forteresse, ne viendra plus porter le trouble dans son pays.

Pour le condamné, possibilité de revenir à une vie meilleure, en subissant les tortures de l'exil.

Lorsque l'on considère la double efficacité de la déportation, on se demande sur quel principe la peine de mort pourrait se soutenir.

Si on écarte la loi du talion, si on repousse l'idée d'une expiation, d'une vengeance exercée contre le coupable, que reste-t-il?

Le but que poursuit la loi pénale, c'est de mettre le criminel hors d'état de nuire, d'inspirer une salutaire terreur.

La déportation satisfait à toutes ces conditions.

C'est en introduisant cette pénalité dans la législation qu'on a pu, dans certains États, arriver à la suppression de la peine capitale.

C'est là ce que constate le remarquable rapport fait par M. De Lamartine, lors de la présentation de la loi du 5 Avril 1850.

L'éminent orateur résumait les faits historiques qui se rattachent à la peine de la déportation.

« Les Grecs, disait-il, avaient l'ostracisme; Rome » avait la déportation dans les îles, en Corse, en Sar- » daigne; l'Angleterre, à l'époque la plus orageuse de » son histoire, établit ce système, qui la sauva de bien » des crimes.

» La Russie, ajoutait-il, n'est arrivée, bien avant » nous, à adoucir son Code pénal et à supprimer pendant » trente ans tout entiers la peine de mort dans ses lois,

» que parce que la nature lui avait donné un lieu de
» déportation terrible.

    » L'existence des différents systèmes de colonisation
» pénale qui couvrent la Sibérie a été la cause immédiate
» de l'adoucissement du Code russe, et, enfin, de la
» suppression presque totale de la peine de mort dans
» ce vaste empire. »

    C'est en regard de ces considérations qu'était promul-
guée la loi du 5 Avril 1850.

    « Dans tous les cas, dit l'article premier de cette loi,
» où la peine de mort est abolie par l'article 5 de la
» Constitution, cette peine est remplacée par celle de la
» déportation dans une enceinte fortifiée désignée par
» la loi, hors du territoire continental de la république. »

    La loi du 8 Juin 1850 a désigné la vallée de Vaithau
et l'île de Noukahiva, aux îles Marquises, comme lieu
de déportation.

    Cette mesure, appliquée aux crimes politiques qui
entraînaient la peine de mort, ne peut-elle pas remplacer
efficacement la peine capitale pour les crimes non politiques ?

    Pour les uns comme pour les autres, ne s'agit-il pas
d'éviter l'irréparabilité de la peine ?

Sans doute, les crimes politiques diffèrent essentiellement des crimes ordinaires.

Ce qui est criminel de la part du parti vaincu aurait
trouvé des apologistes si le succès eût couronné ses efforts;
mais si, pour prémunir la société contre les dangers que
les crimes politiques pouvaient faire naître, la déportation a paru un remède suffisant, pourquoi en serait-
il autrement en matière ordinaire?

Le crime ne sera pas moins sévèrement réprimé.
L'intimidation restera ce qu'elle doit être, et la peine
irréparable disparaîtra de notre législation, en donnant
ainsi satisfaction aux doutes qui s'élèvent sur la légitimité
de la peine de mort.

« On ne peut, disait le rapporteur de la Commission,
» en 1832, désarmer la société de la protection la plus
» efficace, sans lui en avoir assuré une autre non moins
» énergique, quoique moins sanglante. »

La déportation dans une enceinte fortifiée, hors du
territoire continental, ne réunit-elle pas les conditions
voulues pour remplacer efficacement la peine de mort?

La déportation, substituée à la peine capitale, ferait
disparaître les abus qui naissent de l'application des
circonstances atténuantes.

Les rapports du Ministre de la justice constatent que les présidents d'assises, les membres du parquet, signalent énergiquement l'abus des circonstances atténuantes.

Ils demandent que l'exercice de ce droit soit réglementé.

La substitution de la déportation à la peine capitale permettrait d'opérer cette réglementation.

Il est constant qu'en 1832, l'admission des circonstances atténuantes a eu principalement pour but de rendre moins fréquente l'application de la peine de mort.

Cette peine supprimée, il n'y aurait plus d'inconvénient à rentrer dans l'état normal.

Si toutefois on jugeait utile de maintenir le système des circonstances atténuantes, il y aurait lieu d'en réglementer l'application.

Peut-être conviendrait-il d'admettre en principe que la déclaration qu'il existe des circonstances atténuantes ne dût pas être entièrement abandonnée au jury ;

Que la question dût être posée par la Cour.

Il est des cas pour lesquels les circonstances atténuantes ne devraient jamais être admises.

Il en est pour lesquels la question devrait toujours être posée.

Il en est d'autres pour lesquels il serait facultatif de la poser.

On pourrait déclarer qu'il ne pourrait y avoir lieu de poser la question des circonstances atténuantes pour le parricide et le récidiviste.

La question devrait toujours être posée quand il s'agirait d'un crime commis par une femme, par un mineur ou par un vieillard septuagénaire.

Il serait facultatif à la Cour de la poser dans tous les autres cas.

Dans un système ainsi conçu, dont nous indiquons seulement les bases, l'échelle de pénalité pourrait rester telle qu'elle est ; seulement la déportation remplacerait la peine de mort, et, la conscience des jurés n'étant plus effrayée par l'application de la peine capitale, les circonstances atténuantes ne seraient admises que là où elles existeraient réellement.

Les arrêts de la justice, qui doivent être acceptés comme la vérité, conserveraient ainsi leur caractère.

CHAPITRE XIII

La suppression absolue de la peine de mort... tel est le but vers lequel la législation pénale doit tendre ; c'est là ce que le législateur a solennellement déclaré en 1852. Mais cette importante réforme peut-elle s'accomplir sans transition ? Il ne serait pas sage de le vouloir. Les changements trop brusques en législation ont leur danger ; la prudence commande de procéder lentement.

On ne saurait blâmer ceux qui, préoccupés de la sécurité publique, reculent devant l'abolition d'une peine usitée de tous les temps.

On conçoit que l'on puisse dire : Nous connaissons les crimes commis malgré la menace de la peine de mort ; nous ne connaissons pas ceux que la peine de mort a empêchés.

Ces objections sont graves ; mais, pour s'y arrêter d'une manière absolue, il faut se demander si nous

vivons dans un état social où il soit possible au législateur
de résister à toute idée de réforme.

Des faits qui appellent un sérieux examen se produisent ; la loi, telle qu'elle est, n'est pas exécutée :
chaque jour, on en élude l'application.

Les mœurs, qui dominent les lois, protestent énergiquement contre une pénalité qu'elles repoussent, qui
n'est plus au niveau de la civilisation actuelle.

La peine de mort, qui n'est pas abrogée de droit,
s'abroge chaque jour de fait, par la décision arbitraire
des jurés.

N'y a-t-il pas, pour le législateur, nécessité d'aviser?

C'est en présence de ces considérations, en présence
surtout de ce qui se passe dans les États qui nous
environnent, que la question doit être posée.

Depuis 1832, une sérieuse enquête est ouverte sur
l'opportunité de supprimer la peine capitale.

Les rapports du Ministre de la justice constatent des
faits décisifs.

D'une part, la suppression de la peine de mort dans
le plus grand nombre des cas, par les décisions du jury ;

D'autre part, la diminution dans le nombre des
crimes.

8

La conséquence logique à tirer de ces faits, c'est que la peine de mort peut être supprimée sans faire courir à la société de notables dangers.

Que si à ces considérations puissantes il est nécessaire d'ajouter d'autres lumières, n'y aurait-il pas lieu de se livrer à une étude approfondie des faits qui se groupent autour de cette grave question ?

Ne conviendrait-il pas d'appeler d'une manière plus spéciale l'examen des Cours impériales sur les faits qui se produisent dans l'étendue de leur juridiction ?

Ne serait-il pas bon d'ajouter aux lumières qui rejailliraient de l'opinion des Magistrats, habitués à suivre la marche de la justice, l'opinion des membres des Conseils généraux, par exemple, dont la plupart, ayant fait partie du jury, sont à portée de connaître les impressions qui dominent dans l'esprit des jurés chargés de prononcer sur une accusation capitale ?

C'est ainsi que l'on constaterait cet état de l'opinion publique, qui, d'après le législateur de 1832, doit servir de base à la suppression de la peine de mort.

C'est cette enquête grave, réfléchie, qu'appellent de leurs vœux, non pas seulement des philanthropes se préoccupant surtout de théories plus ou moins praticables, mais des hommes sérieux, des jurisconsultes interrogeant les faits, consultant les tendances de leur siècle, constatant les nécessités qui se produisent et qui tracent la marche à suivre.

En Angleterre, une Commission spéciale a été nommée par la reine, pour étudier cette importante amélioration de la loi pénale. Cette Commission est composée des hommes les plus éminents pris dans le Parlement et dans les plus hautes positions judiciaires.

Elle se livre à une enquête des plus approfondies sur les faits qui se produisent, soit en Angleterre, soit dans les autres États où la peine de mort a été abolie. Elle examine surtout la question au point de vue de l'intimidation, qui est le seul point sur lequel les hommes pratiques puissent s'appuyer.

Le résultat de cette enquête sera de nature à fixer les idées sur une réforme réclamée jusqu'ici par les philanthropes, mais qui doit être accomplie par les hommes pratiques qui, sans repousser les théories, se laissent uniquement dominer par l'étude des faits.

Pourquoi la France n'imiterait-elle pas cet exemple (1)?

(1) Voir Notes additionnelles, note A.

Entrer graduellement dans la voie des améliorations, c'est un devoir que le législateur ne peut déserter !

Et quelle plus grande amélioration à apporter à la législation pénale, que de faire disparaître ces sanglantes tragédies qui attristent l'âme et froissent les mœurs !

On l'a dit dernièrement à la Chambre des Députés, dans un admirable langage (1) :

« Ni la divinité ne veut être honorée, ni la société » ne veut être vengée par des sacrifices humains; les » siècles anciens ont pu l'enseigner, la gloire du nôtre » est de montrer qu'il y a des biens précieux qui sont » de droit divin : c'est la vie et la liberté de l'homme. »

La peine de mort est jugée en principe. Si cependant on peut craindre de compromettre la société en la désarmant tout d'un coup d'un moyen d'intimidation énergique; s'il est sage de ménager une transition pour arriver à la suppression absolue de cette peine, ne pourrait-on pas la maintenir dans la loi, en la laissant subsister comme une menace ?

Ainsi, après avoir déclaré que les crimes capitaux seraient punis par la déportation, on pourrait ajouter :

(1) Discours de M. Jules Favre sur l'amendement relatif à l'abolition de la peine de mort.

« Néanmoins, si le jury déclare qu'il existe des circonstances aggravantes, la Cour appliquera la peine de mort.»

Ce serait, du reste, la consécration d'un fait que le
Ministre de la justice signale dans son rapport sur l'administration de la justice criminelle en 1862;

« Dans l'état de nos mœurs, dit M. le Garde des
» Sceaux, il est constant que le nombre des condamnations
» à mort dépend moins du nombre des crimes capitaux
» que *des circonstances horribles de certains faits.* »

Ainsi, le Ministre de la justice constate que la peine
de mort est supprimée de fait pour les crimes capitaux
qui ne sont pas entourés de circonstances horribles. Ce
serait donc rentrer dans l'esprit qui préside aux décisions
du jury, que de ne maintenir cette peine que pour les
crimes capitaux à raison desquels le jury aurait reconnu
l'existence de circonstances aggravantes.

On ne serait plus réduit à placer le jury dans l'alternative de faire violence à la vérité ou d'appliquer une
peine trop cruelle; les jurés ne déclareraient l'existence
des circonstances aggravantes que lorsque l'atrocité des
crimes leur en ferait une loi.

Le droit de grâce resterait pour s'interposer entre
le condamné et l'échafaud.

Ainsi, la menace subsisterait; la loi conserverait cette intimidation qui, dans l'esprit de ceux qui croient nécessaire le maintien de la peine de mort, doit arrêter la pensée de ces crimes dont l'atrocité nous révolte; mais on aurait l'espoir de ne plus être attristé par le spectacle d'une exécution capitale, à moins que l'atrocité du crime ne fît violence à la conscience des jurés, et que le droit de grâce ne pût pas s'exercer.

Cette concession faite à des craintes exagérées, à un esprit de prudence et de réserve qui conseille au législateur de ne procéder qu'à des réformes lentes et progressives, n'atténue en rien les raisons graves qui militent contre la peine de mort et qui doivent amener un jour la suppression complète de cette peine.

Que s'il fallait adopter la marche indiquée par le législateur de 1832 et ne poursuivre qu'une suppression graduelle, n'y aurait-il pas utilité à supprimer la peine de mort pour les crimes commis par les femmes, par les vieillards septuagénaires?

Ce serait encore sanctionner la pensée qui guide les décisions des jurés, qui sont plus ou moins portés à l'indulgence, selon l'âge et le sexe des accusés.

Ainsi, les rapports du Ministre de la justice con-

statent : « Que les femmes sont acquittées dans une
» plus grande proportion que les hommes ;

« Que le nombre proportionnel des acquittements
» s'accroît à mesure que les accusés avancent en âge. »

N'y a-t-il pas nécessité de mettre la loi d'accord avec
les faits ?

Si les circonstances atténuantes sont admises en
quelque sorte de droit, quand il s'agit de crimes capitaux commis par des femmes, par des vieillards, ne
vaudrait-il pas mieux que cette suppression de la peine
capitale, au lieu d'être l'œuvre du jury, fût inscrite
dans la loi ?

Quel est le danger, d'ailleurs, qui pourrait naître,
pour la société, de la conversion de la peine de mort en
celle des travaux forcés à perpétuité, pour des coupables
que des circonstances exceptionnelles peuvent avoir
conduits au crime, et dont l'existence ne peut être un
sujet de crainte ?

CONCLUSION

En résumé, l'intimidation est le seul motif sur lequel s'appuient ceux qui sont opposés à la suppression de la peine de mort, quoique cette peine révolte leur cœur et froisse leurs instincts.

Consultons les comptes-rendus de l'administration de la justice, et voyons à quoi se réduit aujourd'hui cette intimidation.

En 1852, il a été fait un grand pas : la peine de mort, supprimée en matière politique, a été restreinte aux cas où la vie humaine avait été attaquée.

Le législateur n'a pas craint de se désarmer de ce moyen d'intimidation pour des crimes de la plus haute gravité.

L'épreuve faite pendant trente ans a-t-elle fait sentir le besoin de la rétablir? Non.

Le nombre des crimes frappés autrefois par la peine

de mort et aujourd'hui par une peine moindre n'a pas augmenté (1).

Qu'en est-il pour ceux à l'égard desquels la peine capitale a été maintenue?

La loi de 1852, voulant marcher vers la *suppression graduelle* de la peine de mort, a laissé au jury la faculté d'appliquer les *circonstances atténuantes*.

Quel est le fait que constatent les rapports du Ministre de la justice? Les circonstances atténuantes ont été appliquées : en 1860, 720 fois sur 1,000 condamnations; en 1861, 744 sur 1,000 (2).

Il y a eu, en 1860, 39 condamnés à mort : 12 graciés, 27 exécutés.

(1) De 1851 à 1860, le nombre des accusations et celui des accusés a suivi une progression régulièrement décroissante.

Le nombre des accusations et des accusés de crimes contre la vie et la sûreté des citoyens (assassinats, meurtres, empoisonnements, parricides) a diminué dans la proportion d'un cinquième. (Rapport de 1860, p. 8.)

Le même rapport constate une augmentation pour l'infanticide. Mais il faut tenir compte : 1º de la suppression des tours; 2º de l'accroissement des atteintes portées aux mœurs, qui a pour cause principale, d'après le rapport du Ministre de la justice, l'agglomération des ouvriers des deux sexes dans les fabriques et les ateliers.

(2) La proportion est plus considérable pour les crimes capitaux que pour les autres crimes.

L'intimidation ne résulte pas seulement du principe écrit dans la loi, elle s'attache surtout à l'application qui en est faite.

Or, s'il est reconnu que celui qui se rend coupable d'un crime capital a en sa faveur la chance : 1° d'être acquitté faute de preuves; 2° d'obtenir les circonstances atténuantes, qui s'appliquent sept fois sur dix condamnations; 5° s'il a la chance d'être gracié, ce qui a lieu dans la proportion d'un tiers, l'intimidation résultant de la peine de mort se réduit à bien peu de chose.

Joignez à cela la possibilité d'échapper aux poursuites. Les rapports du Ministre de la justice constatent que les deux tiers des accusés échappent aux débats, et qu'on en reprend à peine un quart (1).

A quoi se réduit l'intimidation résultant de la peine capitale?

Quelle peut être, d'ailleurs, la valeur de l'intimidation quant aux crimes qui s'attaquent à la vie?

Si on consulte les rapports du Ministre de la justice, on voit que les grands crimes sont constamment le fruit de passions violentes qui absorbent la raison, qui éloignent toute espèce de calcul.

(1) Rapport de 1860.

Le Ministre de la justice, en présentant l'analyse des motifs qui déterminent les crimes graves, ajoute (1) :

« Le classement des crimes graves, eu égard aux » motifs qui les ont inspirés, présente une uniformité » qui prouve que les *faits de l'ordre moral sont soumis* » *à des lois aussi peu variables que celles qui régissent* » *les faits de l'ordre physique.* »

S'il en est ainsi, quelle peut être l'influence de l'intimidation à l'égard de ces crimes graves, qui sont le résultat forcé d'une sorte de fièvre à laquelle l'humanité est sujette, et dont il est impossible de la guérir ?

Que peut, d'ailleurs, l'intimidation sur des esprits dépourvus d'instruction, sur des repris de justice dont les instincts se révèlent par leur vie passée (2) ?

C'est donc ailleurs que dans l'intimidation qu'il faut chercher les moyens de diminuer le nombre des grands crimes.

(1) Voir le rapport du Ministre de la justice, 1860, p. 41.
« Pour faciliter des vols ou en assurer l'impunité.
» Pour hâter l'ouverture des successions. Querelles de » ménage.
» Amour contrarié. Jalousie. Rivalité. Adultère. Motifs de » haine, etc. »
(2) Voir Notes additionnelles, note B.

La propagation de l'instruction peut seule atteindre
ce but (1).

On remarque, en effet, dans les rapports du Ministre de la justice, que, sur les condamnés à la peine
de mort, de 1856 à 1860, 49 sur 100 sont illettrés,
46 sur 100 des repris de justice.

La peine de mort écrite dans nos Codes peut-elle faire
que l'homme ignorant puisse toujours maîtriser ses passions? Peut-elle empêcher que le repris de justice, voué
essentiellement à la honte et à la misère, lorsqu'il n'a
pu, dans les maisons de correction, apprendre à réformer ses mauvais instincts, ne soit poussé à l'assassinat
par le vol?

Quelle que soit la peine qui l'attend, l'homme ignorant privé des lumières de la religion, des enseignements
de la morale, sera impuissant pour résister à ses mauvais penchants.

(1) Répandre l'instruction, c'est le seul moyen de diminuer le nombre des crimes.

M. Duruy, Ministre de l'instruction publique, dans son
remarquable rapport sur le projet de loi sur l'instruction primaire, s'exprime en ces termes:

« Les dépenses faites pour les écoles ont pour conséquence
des économies à faire dans les prisons. »

Le repris de justice deviendra assassin lorsque, ne trouvant ni travail ni asile, il sera poussé au vol par le désespoir et la misère.

Si la peine de mort ne se soutient que pour arriver à l'intimidation, ce moyen n'atteint pas le but.

Alors, où est la nécessité de dresser l'échafaud tous les ans un certain nombre de fois (1) ?

(1) De 1856 à 1860, les exécutions capitales ont eu lieu :
   En 1856, sur 17 condamnés.
      1857 — 32 —
      1858 — 23 —
      1859 — 21 —
      1860 — 27 —
      1861 — 12 —
Il y a eu, en 1861, 12 exécutions à mort ; 14 condamnés ont reçu des commutations de peine. Le chiffre des condamnations à mort a été inférieur d'un tiers à celui des autres années : c'est le plus faible depuis 1834.

M. le Garde des Sceaux se félicite avec raison de ce résultat.

« L'expérience démontre, dit-il, que l'indulgence est tout » à la fois la meilleure sauvegarde de l'intérêt privé et la » garantie de l'intérêt public. » Cette nécessité d'apporter de la douceur dans les lois pénales ne conduit-elle pas à la suppression de la peine de mort ?

En 1863, il y a eu 20 condamnations, dont 9 graciés, 11 exécutés.

En 1864, 9 condamnations, 5 exécutions. Le chiffre des condamnations capitales et des exécutions est de beaucoup inférieur à celui des années précédentes.

Si l'application de la peine de mort n'est pas efficace pour l'exemple, serait-elle au moins nécessaire pour sauvegarder la société ?

Quel danger y aurait-il à séquestrer par la déportation les quelques condamnés qu'on livre à l'échafaud ?

Tel est le résultat auquel on arrive en étudiant attentivement les tableaux de la justice criminelle.

Mais, à cet égard, il n'est guère plus possible de se faire illusion.

La loi de 1832 a voulu arriver à la suppression de la peine de mort, en introduisant le système des circonstances atténuantes.

L'application de ce système ne tend à rien moins qu'à la ruine de la législation pénale.

Voici comment s'exprime à cet égard M. le Garde des Sceaux, dans le rapport de 1860 :

« La faculté accordée au jury d'appliquer le bénéfice » des circonstances atténuantes à tous les accusés re- » connus coupables a *si profondément modifié la pénalité* » *établie par le Code, que l'arbitraire a été substitué en* » *quelque sorte aux règles imposées aux juges dans l'ap-* » *plication de la peine.* »

Un abus aussi grave peut-il se maintenir ? Des circonstances atténuantes appliquées au parricide, à des repris de justice, n'est-ce pas la négation de la loi pénale?

Ne serait-il pas temps de rendre aux décisions judiciaires la sincérité qui seule peut faire leur force?

L'adoucissement des peines est une garantie de leur saine application. Qu'à partir du plus haut degré de l'échelle, la pénalité soit appropriée aux mœurs actuelles, aux besoins de la civilisation, aux aspirations du progrès, et il n'y aura plus d'antagonisme entre les dispositions de la loi et les décisions du Jury.

Est-ce le cas de se laisser arrêter par des considérations qui seraient de nature à fermer la voie à toute idée de progrès?

Faut-il maintenir la peine de mort par cela seul qu'elle a été appliquée de tous les temps, qu'elle a été écrite dans le Code de tous les peuples?

N'y avait-il pas, dans la législation pénale, la torture, la marque, la mutilation et tant d'autres supplices? Tout cela a disparu. La peine de mort est le dernier vestige de ces actes de cruauté que les âges de barbarie avaient inscrits dans nos lois.

Cette peine n'est plus en harmonie avec la civilisation; la maintenir, c'est nier le progrès.

Et qu'on ne dise pas que les grands coupables sont des êtres dégradés, dont il faut purger la société ; qu'on ne se contente pas de répéter cette phrase d'un écrivain de mérite : *Si on veut supprimer la peine de mort, que les assassins commencent* (1).

On ne tranche pas une question qui intéresse au plus haut degré l'ordre social par un trait d'esprit.

Ces résistances de parti pris ne peuvent compromettre le sort d'une réforme, désirée au fond du cœur par ceux-là mêmes qui la repoussent. Il n'y a pas d'amélioration importante, en législation, qui, à sa naissance, n'ait été traitée d'utopie. Si l'abolition de la

---

(1) On a, plus récemment, invoqué une autre autorité en faveur du maintien de la peine capitale. Un grand coupable, qui a porté sa tête sur l'échafaud, Lacenaire, aurait dit : Si la peine de mort était supprimée, le *voleur n'hésiterait pas à joindre l'assassinat au vol.*

Ainsi, pour consommer un vol qui l'exposerait à la réclusion, le voleur commettrait un assassinat qui le conduirait aux travaux forcés à perpétuité ou à la déportation !.....

Enfin, pour faire valoir l'intimidation, on a dit : « La peine » de mort n'arrêterait-elle qu'un meurtrier, il y aurait lieu » de la maintenir. »

On pourrait répondre : « La peine de mort ne s'appliquerait- » elle qu'une seule fois à un innocent injustement condamné, » il y aurait lieu de la supprimer. »

peine de mort doit subir la loi commune, dans le long intervalle qui s'est écoulé depuis Beccaria jusqu'à nos jours, les esprits ont eu le temps de s'y préparer.

Et qu'on ne pense pas que la suppression de la peine de mort tende à énerver l'action de la justice. Supprimer une peine qui n'est appliquée qu'à regret, c'est fortifier la répression, c'est en accroître l'efficacité.

Nul ne songe à assurer l'impunité au crime; personne n'a la pensée de glorifier le meurtre : les grands coupables inspireront toujours la répulsion et le dégoût que leurs forfaits soulèvent ; mais la justice ne connaît ni répulsion, ni dégoût.

Elle ne se livre pas à des actes de cruauté, quelque mérités qu'ils puissent être; elle a mission de sauvegarder la société; elle doit se renfermer dans le cercle étroit de ce qui est indispensable pour atteindre ce but.

Si la peine de mort est un acte de cruauté inutile, le devoir du législateur est de la supprimer, sans s'enquérir si cette suppression profitera à des êtres dégradés et indignes de toute pitié. D'ailleurs, on ne saurait se faire illusion ; si l'abolition actuelle de la peine de mort rencontre des résistances, tous les esprits sont unanimes pour entrevoir, dans un temps plus ou moins éloigné, la possibilité de réaliser cette réforme.

Les idées morales se répandent, les mœurs s'adoucissent, le respect pour les droits de l'humanité reprend son empire. Si la législation procède lentement, elle ne méconnaît aucune des aspirations de notre siècle.

Dans le moment actuel, le Conseil d'État est nanti d'un projet de loi tendant à supprimer la contrainte par corps. Dans le discours prononcé à l'ouverture des Chambres, le Chef de l'État a fait ressortir cette vérité : que le débiteur engageait ses biens, non sa personne ; de là à l'inviolabilité de la vie humaine, il n'y a pas loin.

La suppression de la contrainte par corps a la plus grande affinité avec la suppression de la peine de mort.

« La contrainte par corps, dit M. Troplong (1), est » la plus extrême rigueur du droit civil, de même que » la peine de mort est le dernier degré de la sévérité » pénale. »

_____

(1) Préface du *Traité de la contrainte par corps*.

« J'aimerais, ajoute le savant Magistrat, une société
» qui pourrait se passer de la peine de mort et de la con-
» trainte par corps. *Je ne dis pas que la nôtre n'arrivera*
» *pas à ce degré de perfection. Je lui souhaite des mœurs*
» *assez fortes, un sentiment assez profond du devoir,*
» *un respect assez sincère de la religion et de la morale,*
» *pour n'avoir pas besoin de ces grands châtiments qui*
» *frappent l'âme d'une morne terreur et touchent le cœur*
» *d'une pitié involontaire pour la victime.*

» *J'ajouterai même que, s'il fallait décider cette*
» *question d'opportunité par les émotions du cœur, nul*
» *ne serait plus vivement porté que moi à affranchir le*
» *débiteur et le coupable de ce pénible sacrifice de la liberté*
» *et de cet autre sacrifice, plus terrible et plus auguste,*
» *qui s'offre sur l'échafaud à la justice humaine.... »*

M. Troplong, interrogeant sa raison, croit néanmoins
ces deux rigueurs nécessaires dans l'état actuel.

Tout en rendant justice, au fond, à l'esprit de prudence et de réserve qui conseille au législateur d'hésiter
en présence de ces graves questions, ayons foi dans la
marche de la civilisation ; lorsqu'une réforme est unanimement désirée, que la seule objection qu'on élève
contre elle est une question d'opportunité, on peut être

sûr d'avance que le moment viendra où elle s'accomplira d'elle-même.

En législation, l'amélioration qui a pénétré dans les mœurs ne peut pas rester long-temps sans s'introduire dans les lois.

NOTES ADDITIONNELLES

Note A.

(Voir *Revue britannique* du 6 Avril 1864.)

Dans la session de 1864, une proposition fut faite à la Chambre des communes, pour demander l'abolition de la peine de mort.

Après des débats très-sérieux, la Chambre demanda qu'il fût nommé une Commission royale pour faire une enquête sur cette grave question.

Le 9 Mai 1864, lord Praby se présenta à la Chambre, au nom de la reine, et lut la réponse de Sa Majesté ainsi conçue :

« J'ai reçu l'adresse par laquelle vous demandez qu'une » Commission royale soit nommée pour faire une enquête » sur l'application de la loi qui ordonne la peine capitale et » la manière dont cette peine est infligée, et aussi pour faire » un rapport sur la question de savoir s'il ne faut pas amé- » liorer cette loi. J'ai donné des ordres pour qu'une Com- » mission royale soit nommée dans ce but. »

Dans la discussion qui eut lieu à la Chambre des communes, on s'attachait surtout à l'étude des faits.

Un orateur, M. Bright, produisait des documents nombreux qui constataient l'expérience faite dans divers États qui avaient aboli la peine de mort.

Il lut, notamment, les attestations fournies par les gouverneurs des États du *Rhode-Island*, de *Michigan* et de *Wisconsin*, où la peine de mort est abolie.

« La peine de mort, écrivait le gouverneur de Rhode-» Island, le 4 Mars 1861, a été abolie dans cet État en 1852.

» *Je ne pense pas que son abolition ait compromis la sé-» curité publique.* L'abolition de la peine capitale est sou-» tenue par l'opinion publique..... Il résulte des conversa-» tions que j'ai eues avec les juges supérieurs et l'attorney » général, ainsi qu'avec les directeurs de prisons de l'État, » qu'ils partagent ma manière de voir. »

Le gouverneur rapportait la déclaration suivante du chief-justice :

« J'ai été favorable à la loi nouvelle, et je m'opposerais » encore aujourd'hui à ce qu'on la rapportât. Je suis con-» vaincu que l'opinion est pour l'état actuel de notre légis-» lation, et *il en sera ainsi tant qu'on ne prouvera pas que » les crimes contre la vie ont augmenté.* »

Le gouverneur de Michigan s'exprimait ainsi :

« La peine capitale a été abolie en 1847 ; *la vie des citoyens » n'est pas considérée comme moins sûre qu'auparavant.* Les » crimes sont probablement moins fréquents, si l'on tient » compte de l'accroissement des populations.

» Avant l'abolition, les crimes n'étaient pas rares ; mais » très-rarement ou presque jamais obtenait-on des condam-» nations ; on en était arrivé à ne plus trouver des jurys qui » voulussent condamner à mort.... *La réforme a été jugée » heureuse, et ce n'est plus maintenant une expérience....* »

Le gouverneur de Wisconsin s'exprimait ainsi :

« La disposition des juges, comme des jurés, à ne pas » condamner à mort, m'avait convaincu de la nécessité » d'abolir ce reste de barbarie. La loi établissant la peine

» capitale fut rapportée en 1833. *La nation jouit d'une*
» *aussi grande sécurité qu'auparavant..... Il n'y a pas eu*
» *augmentation dans la criminalité....* »

D'autres documents du même genre ont été fournis à la
Commission d'enquête; des attestations venues de la Suisse,
des divers États de l'Allemagne où la peine de mort est
abolie, confirment ce fait que, depuis l'abolition, il n'y a pas
eu accroissement dans la criminalité.

Dirait-on que ce qui est possible dans de petits États ne
l'est pas au même degré dans les grands? Il n'est pas plus
possible d'arrêter la pensée du crime dans un petit État que
dans un grand; les hommes sont les mêmes partout.

Un des hommes les plus éminents de l'Angleterre, lord
John Russell, dans son commentaire sur les institutions
anglaises, fait ressortir les inconvénients de la peine de
mort en ce qui concerne l'exercice du droit de grâce et l'appréciation des circonstances atténuantes.

Cet éminent publiciste s'exprime ainsi :

« Quand je considère combien il est difficile à un juge
de séparer la cause qui exige l'inflexibilité de la justice de
celle qui admet la force des circonstances atténuantes ;
combien est peu digne d'envie la tâche du secrétaire de
l'intérieur de dicter le pardon à la couronne; combien celui
qui était l'objet d'une horreur générale devient rapidement
un sujet de sympathie et de pitié; combien sont restreints
et rares les exemples donnés par cette peine implacable et
terrible..... combien est brutal le théâtre de l'exécution.....
j'arrive à la conclusion qu'il n'y aurait aucune perte pour
la justice, aucune perte pour la conservation d'une vie
innocente, si la peine de mort était complétement abolie.
Dans certains cas, une condamnation à un temps prolongé
d'emprisonnement solitaire, suivi d'un autre temps plus

long de travaux forcés et de punition sévère, cesserait d'être considérée comme un cas de pardon et de commutation de peine.

» Si la sentence du juge arrivait à ce résultat, il y aurait à peine une pétition adressée au Ministère de l'intérieur pour demander une commutation de peine, dans les cas d'assassinat. Le coupable, ne provoquant plus la pitié des hommes, aurait le temps et la facilité de devenir repentant devant le trône de la pitié. »

La Commission d'enquête poursuit ses travaux en étudiant les statistiques criminelles, en consultant surtout les hommes compétents des divers États où la peine capitale est abolie : le rapport qu'elle fera au Parlement sera de nature à fixer les esprits sur l'efficacité de la peine de mort comme moyen d'intimidation.

Note B.

Les tableaux des condamnés à mort consignés annuellement dans les rapports du Ministre de la justice, présentent à peu près les mêmes résultats.

Des crimes identiques se reproduisent tous les ans.

Ce sont toujours des assassinats précédés ou suivis de vol ;

Des actes de vengeance ;

Des crimes commis par le mari pour se défaire de sa femme ;

Par la femme pour se délivrer de son mari ;

Des assassinats inspirés par la haine, par l'adultère, par la jalousie ;

Des parricides pour hâter l'ouverture d'une succession.

Ce qu'il importe de constater, c'est que la presque totalité

des condamnés appartient à la classe de ceux qui ne savent
ni lire ni écrire, ou qui le savent imparfaitement. Parmi
eux, le plus grand nombre se compose de repris de justice.

Ainsi, en 1860, on trouve 39 condamnés à mort: 35 hommes,
4 femmes.

    12 ne savaient ni lire ni écrire;

    22 savaient lire et écrire imparfaitement;

    5 seulement savaient lire et écrire.

Sur ces 35, 24 étaient des repris de justice.

En 1861, on trouve 26 condamnés à mort: 23 hommes,
3 femmes.

    12 étaient des repris de justice;

    14 ne savaient ni lire ni écrire;

    8 savaient lire imparfaitement;

    2 savaient bien lire;

    2 avaient reçu l'instruction supérieure au premier
degré: de ces deux derniers, l'un était condamné pour
incendie, l'autre pour assassinat suivi de vol.

En 1862, on trouve 39 condamnés à mort: 36 hommes,
3 femmes.

    19 ne sachant ni lire ni écrire;

    15 sachant lire imparfaitement;

    4 sachant lire et écrire;

    1 ayant reçu l'instruction supérieure au premier
degré: celui-là était condamné pour assassinat d'une jeune
fille qui refusait de l'épouser.

Sur ce nombre, 23 étaient des repris de justice.

Ainsi, les condamnés à mort appartiennent presque en
totalité à la classe de ceux qui ne savent ni lire ni écrire,
ou qui savent lire et écrire imparfaitement.

« Sur 1,000 accusés de crimes contre les personnes, dit le
rapport de 1860, on compte 470 illettrés.

» On comprend que les instincts violents doivent s'adoucir
» par l'acquisition de l'instruction et les rapports qu'elle
» nécessite dans les écoles.

» On aime à trouver l'infanticide, ajoute le Garde des
» Sceaux, en tête de ceux dont les auteurs se distinguent par
» leur ignorance; on regrette de ne pas voir le parricide
» placé au même rang. Mais, s'il n'en est pas tout-à-fait
» ainsi, il est intéressant de constater que, parmi les enfants
» qui, au mépris des lois les plus sacrées, attentent à la vie
» de leurs parents, le nombre de ceux qui ont reçu quelque
» instruction va diminuant, contrairement à ce qui a lieu
» pour les autres espèces de crimes. »

LA RÉVISION

DES

CONDAMNATIONS CRIMINELLES

On ne peut mettre en doute la possibilité d'une erreur judiciaire : trop d'exemples constatent que, malgré toutes les précautions dont s'environne la justice, une condamnation peut frapper un innocent.

Ne serait-il pas désirable qu'il existât un moyen légal pour obtenir la révision d'une condamnation injuste ?

Le Code d'instruction criminelle n'admet la révision que dans le cas où deux accusés auront été successivement condamnés comme auteurs du même crime, d'où doit résulter l'innocence de l'un d'entre eux ;

Dans celui où il y a preuve de l'existence de la personne dont la mort supposée aura donné lieu à une condamnation ;

Enfin, dans celui ou l'un ou plusieurs des témoins à charge auront été condamnés pour faux témoignage.

En dehors de ces trois cas, la condamnation d'un innocent subsiste sans qu'une demande en révision soit possible.

Il y a là une lacune qu'il importe au législateur de combler.

Sous l'ancienne législation, plusieurs édits avaient été rendus pour fournir à un condamné le moyen de demander réparation d'une erreur judiciaire.

Bien que le respect pour la chose jugée fût érigé en principe, on obtenait des lettres de grâce pour être admis à la proposition d'erreur.

C'était accomplir le vœu de la justice que de ne pas laisser un innocent gémir sous le poids d'une condamnation injuste ; mais la facilité avec laquelle ces lettres de grâce étaient obtenues avait dégénéré en abus.

Philippe-de-Valois voulut y remédier. Une ordonnance

de l'an 1540 porte que nul ne sera admis à proposer
des erreurs qu'après avoir obtenu des lettres de grâce à
cet effet et *fourni caution* (1).

Louis XI, en l'an 1479, avait renouvelé cet édit et
réduit à deux ans le temps pendant lequel on serait
admis à obtenir des lettres de grâce pour proposition
d'erreur, annulant toutes les lettres qui auraient pu
être obtenues par importunité après ce délai.

Les choses restèrent en cet état jusques à l'ordonnance
du mois d'Août 1670. Le titre 16 de cette ordonnance
détermine les cas dans lesquels il peut être octroyé des
*lettres d'abolition, rémission, pardon, rappel de bans,
commutations de peine, réhabilitation et révision de
procès.*

Dans un temps où l'on disait : *Si veut le roi, si veut
la loi,* on comprend que la royauté, se plaçant au-dessus
du pouvoir judiciaire, pût faire usage de toute-puissance

(1) *Quia sæpè per importunitatem potentium,.... multas
gratias concessimus de proponendo errore.... ex quo lites
factæ sunt immortales...., hoc edicto perpetuo voluimus ut
quicumque gratiam à nobis, seu successoribus nostris, pro-
ponendi errorem contra arrestum incuria nostra latum
impetraverit, carere idoneè teneatur, de refundendis expen-
sis.* (Recueil d'Isambert, t. IV, p. 829.)

pour accorder des lettres d'abolition de poursuites, ou rémission de crimes commis.

L'ordonnance de 1670 déterminait, il est vrai, les cas dans lesquels les lettres d'abolition pouvaient être accordées (1), et il était enjoint aux Cours de n'entériner ces lettres que lorsqu'elles ne sortiraient pas des prévisions de la loi.

Il y avait bien là un hommage rendu aux attributions de la magistrature; mais il était loisible au pouvoir souverain de passer outre.

Quant à la révision des procès criminels, elle pouvait être demandée dans tous les cas où une erreur judiciaire était signalée; mais ce n'était qu'en grande connaissance de cause que les lettres étaient octroyées.

L'ordonnance de 1670 (art. 8 du titre 16) portait qu'il serait présenté une requête au Conseil, où les circonstances sur lesquelles était basée la demande seraient rappelées.

La requête devait être rapportée après avoir été ren-

(1) Enjoignons à nos Cours (était-il dit, art. 1, tit, 26) de les entériner.... si elles sont conformes aux charges et informations. Pourront néanmoins, nos Cours, nous faire remontrances, et nos autres juges représenter à notre chancelier ce qu'ils jugeront à propos sur l'atrocité du crime.

voyée aux maîtres de requêtes de l'Hôtel, pour avoir leur avis.

Un arrêt du Conseil intervenait, à suite duquel étaient délivrées les lettres de révision ; le tout était adressé aux Cours qui avaient jugé le procès, afin de procéder à la révision.

Le règlement du mois de Juin 1738, qui a servi de base à la procédure devant la Cour de cassation et le Conseil d'État, détermine d'une manière plus spéciale la marche à suivre pour l'obtention des lettres de révision.

Aucune restriction n'est apportée à la faculté d'obtenir des lettres de révision ; il faut seulement que les faits sur lesquels la demande en révision se fonde soient de nature à démontrer la nécessité d'un nouvel examen.

Les annales judiciaires offrent de nombreux exemples de décisions révisées, d'innocence reconnue après une condamnation, de réhabilitation accordée, soit à un condamné vivant, soit à la mémoire d'un condamné décédé (1).

(1) En 1409, la mémoire de Jean de Montaigu, qui avait eu la tête tranchée, fut rétablie en vertu de lettres de révision.

Il en fut de même, en 1575, pour la mémoire du maréchal de Biez et de Jacques de Coucy, son gendre.

Un sieur Langlade ayant été condamné aux galères et son

Il fallait, cependant, pour que les lettres de révision fussent accordées, que les faits exposés fussent assez graves pour mériter un nouvel examen.

« Il faut, dit Rousseau de la Combe (1), de grands » et puissants moyens, soit dans la forme, soit au fond : » dans la forme, des nullités essentielles dans la procé-»dure; au fond, une iniquité évidente dans la con-»damnation, par l'innocence du condamné, sur le » crime qui lui est imputé. »

Cet auteur signale comme motif dirimant de révision, par exemple, la déclaration faite par un condamné au moment d'être exécuté, par laquelle il se charge d'un crime pour lequel un autre aurait été condamné.

Les lettres de révision étant une émanation du pouvoir absolu du souverain, n'étaient pas compatibles avec le régime nouveau inauguré par la Révolution.

Les limites opposées à l'autorité royale, la sépara-

innocence ayant été reconnue après sa mort, sa mémoire fut réhabilitée par arrêt du 17 Juin 1693.

L'amiral Chabot, condamné par arrêt, ayant obtenu des lettres de révision, fut absous par un nouvel arrêt rendu en présence de François Ier, le 29 Mars 1541. (Merlin, *Réper.*, vo *Récision de procès.* — Denisart, *cod. verb.*)

(1) *Matières criminelles*, 3e partie, chap. XV.

tion des pouvoirs administratifs et judiciaires, ne comportaient pas une atteinte portée à l'autorité de la chose jugée, en dehors des principes qui régissaient l'ordre des juridictions.

Ce n'était plus le Conseil d'État qui pouvait ordonner la révision d'un procès : la cassation d'un arrêt de condamnation ne pouvait appartenir qu'à la Cour suprême.

De là, la nécessité de déterminer les cas dans lesquels la cassation d'un arrêt pourrait être provoquée, soit par les intéressés, soit par le ministère public.

Néanmoins, comme il fallait statuer sur les procès en révision pendants devant le Conseil du roi, un décret de l'Assemblée Législative, du 18 Août 1792, investit la Cour de cassation du droit de les juger.

Il y avait nécessité de créer une législation spéciale pour l'avenir ; mais, comme on ne pouvait plus laisser l'appréciation des cas de révision à l'autorité souveraine, il fallait déterminer les circonstances dans lesquelles l'autorité judiciaire pourrait intervenir.

Un décret du mois de Mai 1793 autorise la révision dans le cas où deux condamnations prononcées contre deux individus différents, pour le même fait, seraient inconciliables.

10

Si les deux décisions avaient été rendues par le même Tribunal, il était compétent pour en ordonner la révision.

Si les décisions émanaient de deux Tribunaux différents, elles devaient être déférées à la Cour de cassation, qui cassait et investissait un autre Tribunal.

L'introduction du jury dans le jugement des affaires criminelles apporta un changement à cet état de choses.

La souveraineté des décisions du jury semblait élever une barrière contre les demandes en révision.

La loi du 16 Septembre 1791 rendait irrévocable le verdict des jurés.

L'article 27 du titre VII portait : La décision des jurés ne pourra jamais être soumise à l'appel.

Cependant, une restriction nécessaire était apportée à cette souveraineté ; si le Tribunal était convaincu que le jury s'était trompé, il pouvait adjoindre trois jurés aux douze qui avaient siégé, pour donner une nouvelle déclaration aux quatre cinquièmes des voix.

C'était, jusqu'à un certain point, ouvrir la porte à la révision de la décision du jury.

Le Code d'instruction criminelle a étendu cette faculté. D'après l'article 352, lorsque la Cour est unanimement convaincue que le jury s'est trompé, elle peut renvoyer l'affaire à une autre session pour être soumise à un nouvel examen.

Ce renvoi doit être ordonné immédiatement après que la condamnation aura été prononcée publiquement.

On comprend que la Cour ne puisse plus annuler la décision du jury lorsqu'elle l'a sanctionnée par son arrêt ; mais cette faculté accordée par la loi indique que l'autorité de la décision des jurés n'est pas telle qu'il faille respecter, dans tous les cas, l'erreur qui aurait été la base d'une condamnation.

Il faut donc tenir pour certain que l'institution du jury n'est pas un obstacle absolu à la révision des procès criminels.

C'est par d'autres motifs qu'il faut chercher à expliquer la disposition législative qui a restreint la possibilité de la révision à trois cas spéciaux, fermant ainsi, dans tous les autres, toute voie de recours à l'innocent qui aurait été victime d'une erreur judiciaire.

Le législateur a dû être arrêté par ce motif que, avant de procéder à la révision, il fallait faire prononcer la cassation de l'arrêt de condamnation.

Cet arrêt ne pouvant être entrepris par la requête civile, il fallait ouvrir une autre voie.

Il n'y en avait pas d'autre que le pourvoi en cassation basé sur une erreur reconnue.

La Cour suprême n'étant pas juge du fait, il fallait qu'on pût arriver devant elle avec la constatation de l'erreur.

Il n'y avait plus alors qu'à annuler la décision qui usurpait les caractères d'une décision judiciaire.

Mais, en dehors des trois cas signalés par la loi, il en existe d'autres où la démonstration de l'erreur est possible.

Si l'erreur n'est pas matériellement constatée, est-il logique de rendre impossible la révision, quand les faits sont de telle nature que l'erreur puisse être considérée comme certaine, lorsque les preuves de cette erreur peuvent être facilement acquises?

N'y a-t-il pas là une lacune à laquelle il importait de remédier?

Cependant, bien qu'à diverses reprises, l'attention du législateur ait été éveillée sur ce point, aucun remède n'a été apporté à ce vice reconnu dans la loi.

Sous le premier Empire, la difficulté avait été soulevée; mais, au lieu de la trancher par une loi, ce fut par une illégalité que l'on donna satisfaction à un innocent injustement condamné.

Un sieur Ellemberg avait été condamné pour vol.

Une seconde accusation ayant été portée contre lui, il fut reconnu que, non-seulement il n'était pas coupable de ce second crime, mais encore qu'il avait été injustement condamné pour le premier.

Une pétition fut adressée à l'Empereur. Une instruction eut lieu devant le Conseil privé.

Le 14 Mars 1815, le grand juge fit connaître son avis au Conseil.

« Comme les lettres d'abolition, disait-il, ne sont pas » un acte autorisé dans nos institutions, il faudrait trouver » un moyen pour faire annuler le premier jugement » rendu contre Ellemberg, et le faire juger de nouveau.

» On pourrait intituler : lettres de révision gracieuse, » l'acte qui renverrait ces sortes d'affaires devant la Cour » de cassation. »

Cette opinion émise par le grand juge soulevait de graves objections.

On invoquait le respect pour l'ordre des juridictions, l'autorité de la chose jugée.

On demandait que l'affaire fût renvoyée au Conseil d'État, pour proposer une mesure législative.

L'Empereur trancha la question; les droits d'un inno-

— 150 —

cent injustement condamné lui parurent supérieurs à
toute autre considération.

Il ordonna qu'il serait rédigé des lettres de révision
gracieuse, contenant renvoi à la Cour de cassation, en
l'investissant du droit de casser le jugement qui con-
damnait Ellemberg, de déclarer ledit Ellemberg absous,
d'ordonner sa mise en liberté, et au besoin de le renvoyer pour être jugé devant une Cour d'assises (1).

Il y avait là un empiétement manifeste sur l'ordre
des juridictions; il n'appartenait pas au Chef de l'État

(1) Voici les termes du décret du 20 Décembre 1813.

Après l'exposé des faits sur lesquels se fonde la demande
en révision, le décret ajoute :

« Les moyens indiqués par le Code étant évidemment inap-
plicables, et l'état actuel de la législation laissant sans recours l'innocent condamné dans le cas dont il s'agit, nous
avons jugé nécessaire de suppléer à cette insuffisance de la
loi par une disposition rapprochée de ce qu'elle a déterminé
pour des cas analogues.

» A ces causes, nous voulons et ordonnons que l'arrêt
rendu, le 18 Juillet 1806, par la Cour de justice criminelle
du département de la Dyle, contre Sébastien Ellemberg, soit,
ainsi que la procédure qui y a donné lieu, soumis à votre
examen, en sections réunies sous la présidence de notre grand
juge Ministre de la justice, afin que, entrant dans l'examen
des faits, indépendamment de la régularité et des vices de

d'investir la Cour de cassation d'un pouvoir que les lois de son organisation ne lui conféraient pas. C'était, sous une autre forme, rétablir les lettres de révision admises sous l'ancienne législation, émanant du pouvoir souverain.

Les annales judiciaires n'offrent pas d'autre exemple d'une révision de condamnation en dehors des cas prévus par les articles 443 et suivants du Code d'instruction criminelle.

Vainement, en 1815, une pétition fut présentée aux

forme, et sans avoir égard à l'arrêt de confirmation précédemment rendu par vous, ledit arrêt de la Cour de la Dyle soit cassé et annulé s'il y a lieu, dans l'intérêt de Ellemberg, et que ledit individu soit absous et mis en liberté; comme aussi, dans le cas où l'innocence dudit Ellemberg ne paraîtrait pas suffisamment résulter de la procédure, nous vous autorisons à le renvoyer devant la Cour d'assises, pour le faire juger de nouveau sur les faits qui ont donné lieu à sa condamnation.

» Mandons et ordonnons que les présentes lettres de révision gracieuse vous soient présentées en audience publique par notre procureur général, et transcrites de suite sur vos registres, à sa réquisition. »

Ces lettres furent transcrites et enregistrées en audience solennelle par la Cour de cassation, le 8 Janvier 1814. En conséquence, le sieur Ellemberg fut déclaré absous et mis en liberté.

Chambres, pour réclamer une loi qui admit la révision dans tous les cas.

Cette tentative fut sans succès.

Sous le gouvernement de 1830, la question se reproduisit.

On demandait la révision de la condamnation du maréchal Ney.

Le 16 Février 1832, M. Barthe, alors Garde des Sceaux, fit un rapport au roi, où il analysait la législation.

Il signalait, notamment, l'acte relatif à Ellemberg comme une violation de l'ordre des juridictions.

Il déclarait que la loi n'offrait aucun moyen de réviser les condamnations prononcées, alors même que l'innocence du condamné était reconnue.

« La révision gracieuse, disait le Garde des Sceaux, » sous quelque honorables motifs qu'elle s'introduise, » constituerait une double usurpation: l'une sur le » pouvoir législatif, qui seul peut prévoir les cas de » révision; l'autre sur le pouvoir judiciaire, qui seul a » le droit de révision. »

Analysant ensuite le décret du 20 Novembre 1815, il ajoutait:

« Qu'il n'était pas possible que le gouvernement pût
» conférer un droit de cassation qui ne lui appartient
» pas à lui-même, et que la Cour de cassation ne pou-
» vait être investie du droit de casser par une autre auto-
» rité que celle de la loi. »

Ces considérations ne permirent pas de donner suite
à la demande en révision de la condamnation prononcée
contre le maréchal Ney.

Les nombreuses demandes suscitées par le procès
Lesurques ont appelé, à diverses reprises, l'attention du
gouvernement : l'impossibilité de tout recours a constamment élevé une barrière contre toute révision régulière.

En dernier lieu, de sérieux débats se sont produits,
au Corps Législatif, sur cette grave question.

Le législateur est-il frappé, sur ce point, d'une incapa-
cité absolue ? On ne le pense pas.

Qu'on ne rétablisse pas les lettres de révision telles
qu'elles existaient sous l'ancienne législation, cela se
conçoit.

Mais qu'il n'existe aucun moyen de concilier les droits
d'un innocent injustement condamné avec le respect
pour l'autorité de la chose jugée, c'est là ce qu'il n'est
pas possible d'admettre.

Il est certain que le premier pas à faire dans cette voie, c'est de déférer à la Cour de cassation un arrêt qui viole la loi, et d'en demander la cassation dans l'intérêt de la loi violée; pourquoi ne pas étendre ce droit au cas où une condamnation inique a été prononcée, où l'innocence du condamné s'est manifestée après l'arrêt?

Dirait-on que le respect pour la décision du jury s'y oppose?

Mais la loi permet à la Cour d'annuler la décision du jury, si elle est convaincue qu'il s'est trompé.

Cette faculté que la Cour peut exercer immédiatement après que la décision du jury a été prononcée publiquement, n'existe-t-elle plus après l'arrêt qui sanctionne la décision des jurés?

Qu'elle n'existe plus pour la Cour, qui est dénantie, cela se conçoit; mais que la justice ait les mains liées par cela que l'erreur du jury n'a pas été reconnue à l'instant même!

L'erreur reconnue quelques jours plus tard a-t-elle moins de force que celle qui est reconnue au moment où la décision du jury se produit? Infecte-t-elle moins l'œuvre de la justice? Ne commande-t-elle pas réparation au même degré?

En toute matière, la loi a ouvert une voie pour réparer l'erreur commise; n'en existerait-il point pour les matières criminelles?

Au civil, les décisions de la justice peuvent être entreprises par la requête civile, nonobstant l'autorité de la chose jugée; pourquoi, en matière criminelle, n'existerait-il pas un moyen équivalent?

Il n'y a aucune bonne raison à donner pour qu'il en soit ainsi.

Il n'y a aucun danger à investir le Ministre de la justice du droit de demander la cassation d'un arrêt contenant une condamnation injuste.

Reste à déterminer la marche à suivre pour arriver à la réparation de l'erreur.

On comprend que la révision ne peut se produire que là où l'innocence du condamné est devenue certaine.

Cette appréciation doit être abandonnée aux investigations du chef de la justice, aidé des chefs du parquet dans le ressort duquel la condamnation est intervenue.

La loi offre aux chefs du parquet tous les moyens d'investigation désirables.

Lorsqu'une information régulière et légale aura eu lieu, et que les preuves de l'innocence seront devenues

palpables, la Cour de cassation, qui n'a pas à intervenir
dans l'examen des faits, n'aura plus qu'à prononcer la
nullité de l'arrêt, sur la réquisition du chef de la justice.

Sans doute, il y aura là une déviation des principes
qui régissent la juridiction de la Cour suprême.

Appelée à se renfermer dans les cas où la loi a été
violée, n'appréciant que les règles du droit, la Cour de
cassation ne peut pas se livrer à des appréciations de
faits qui résultent d'une information ; mais, dans les cas
prévus par le Code d'instruction criminelle, ce sont bien
des faits que la Cour apprécie pour arriver à la constatation de l'erreur.

Ainsi, la Cour de cassation est nantie quand il y a
des indices suffisants de l'existence de la personne dont
la mort supposée aura donné lieu à une condamnation.
La Cour suprême peut commettre provisoirement une
autre Cour pour procéder à la constatation de l'identité.

Si la Cour de cassation peut être nantie dans ce cas,
pourquoi ne le serait-elle pas lorsqu'il résultera, des
informations faites, que l'individu condamné n'est pas
l'auteur du crime qu'on lui impute ?

Si les preuves produites sont suffisantes pour asseoir
sa conviction, la Cour suprême sera investie, dans ce

cas, du droit de casser l'arrêt de condamnation, comme elle a le droit de le faire dans les cas prévus par les articles 443, 444 et 445.

C'est le même ordre d'idées qui amène la compétence de la Cour suprême ; seulement, dans les cas prévus, l'innocence du condamné résulte du fait lui-même, tandis que, dans les autres cas, la preuve de l'innocence ne peut être acquise que par des moyens humains, qui ne donnent pas une certitude complète.

Mais il n'en est pas moins vrai que, lorsque la preuve de l'innocence est acquise par les moyens ordinaires auxquels la justice peut avoir recours, il y a injustice à laisser un innocent sous le poids d'une condamnation imméritée.

La révision est un devoir sacré, devant lequel le législateur ne peut pas reculer. Si la compétence de la Cour de cassation ne se prête pas à cette extension, n'y a-t-il pas lieu d'élargir sa juridiction ? de lui donner le droit de casser lorsque la preuve de l'innocence du condamné sera acquise ?

Sans devenir un troisième degré de juridiction, la Cour de cassation ne peut-elle pas, dans l'intérêt des droits de la justice et de ceux de l'humanité, casser un arrêt inique? faire disparaître un monument judiciaire dont la justice est la première à gémir?

N'y a-t-il pas là une de ces nécessités qui font violence aux règles ordinaires? En procédant ainsi, la Cour de cassation agira bien plus comme cour régulatrice que comme troisième degré de juridiction.

Du reste, d'après l'économie des articles 445 et suivants du Code d'instruction criminelle, la Cour de cassation est appelée à casser des condamnations qui, prises isolément, n'ont violé aucun texte de loi.

Elle puise son droit dans cette circonstance exceptionnelle que la condamnation a frappé un innocent.

Pourquoi n'en serait-il pas de même lorsque la preuve de l'innocence est acquise par des moyens autres que ceux qui sont signalés dans les articles cités?

Lorsque, par les informations auxquelles il se sera livré, le Ministre de la justice aura acquis la certitude de l'innocence du condamné, y aura-t-il danger à investir la Cour suprême du droit d'apprécier?

Y a-t-il à craindre que des demandes trop nombreuses de révision ne se produisent? C'est là, en effet, un danger contre lequel il importe de se prémunir.

On ne peut empêcher que des demandes en révision

ne soient formées en plus ou moins grand nombre; mais celles qui n'auront aucun fondement ne dépasseront pas les limites du parquet de la Cour où la condamnation a été prononcée.

Il n'y aurait donc aucun inconvénient à élargir le cercle tracé par le Code d'instruction criminelle, et à admettre que, lorsqu'en dehors des cas prévus par les articles 443 et suivants du Code d'instruction criminelle, il y aura des indices suffisants de l'innocence d'un condamné, soit parce qu'un autre individu se sera reconnu coupable du crime qui lui avait été imputé, soit parce que des preuves matérielles d'un alibi se seront produites depuis sa condamnation, soit par toutes autres circonstances dont l'appréciation appartiendra aux chefs du parquet de la Cour de qui émane la condamnation, le Ministre de la justice pourra déférer à la Cour suprême l'arrêt de condamnation et en demander l'annulation.

La Cour de cassation n'en conserverait pas moins toute son indépendance, et pourrait, au besoin, se livrer à telles investigations qu'elle jugerait utile, soit par elle-même, soit par des Commissions rogatoires.

Si le condamné était vivant, il devrait être soumis à un nouveau jugement.

Dans le cas où il serait décédé, la réhabilitation de sa mémoire pourrait être prononcée.

Les parties intéressées, sur le vu de l'arrêt de cassation, pourraient provoquer la réhabilitation du décédé.

Il y aurait à modifier, sur ce point, les règles tracées pour la réhabilitation dans le Code d'instruction criminelle, et à les rendre applicables au cas où il s'agirait de réhabiliter la mémoire d'un individu décédé.

En résumé, la lacune qui existe dans notre législation doit disparaître ; il n'est pas possible d'admettre que ce que commande la justice, ce qui était usité sous l'ancienne législation, soit devenu impraticable sous la législation actuelle.

Ce serait nier le progrès que de vouloir qu'il n'existe aucun moyen de concilier, avec nos formes judiciaires actuelles, les droits impérissables de celui qui a subi une injuste condamnation.

L'ordre social est intéressé à ce que la victime d'une erreur judiciaire puisse faire entendre ses plaintes et obtenir réparation.

C'est là le complément nécessaire d'une législation pénale qui, destinée à infliger au criminel une légitime

répression, doit justice et réparation à l'innocent fausse-
ment accusé.

Ces considérations, qui, à diverses reprises, se sont
produites devant les Chambres, ont éveillé la sollicitude
du législateur.

Un projet de loi est actuellement soumis aux méditations du Conseil d'État. Nous n'en connaissons pas
les termes ; mais, élaboré par les hommes éminents
qui apportent à la préparation des lois le concours de
leurs lumières et de leur expérience, ce projet ne peut
manquer de donner satisfaction à des vœux qui s'appuient sur de si graves intérêts.

NOTE ADDITIONNELLE

Les vœux émis à plusieurs reprises, par les Assemblées Législatives, ne pouvaient manquer d'être entendus. Le Gouvernement avait annoncé qu'un projet de loi sur la révision des condamnations criminelles était à l'étude. Ce projet vient d'être présenté à la Chambre dans la séance du 15 Février (1).

La loi dont il s'agit donne satisfaction aux diverses propositions qui avaient été faites en 1822, à la Chambre des Pairs, par le comte de Valence ; en 1856, à la

(1) Voici le texte du projet de loi soumis à la Chambre.
Les art. 443, 444, 445, 446 et 447 du Code d'instruction criminelle sont abrogés et remplacés par les art. suivants :
443. La révision pourra être demandée, en matière criminelle ou correctionnelle, quelle que soit la juridiction qui a statué dans chacun des cas suivants :
1° Lorsqu'après une condamnation pour homicide, des pièces seront représentées propres à faire naître de suffisants indices sur l'existence de la prétendue victime de l'homicide.
2° Lorsqu'après condamnation pour crime ou délit, un

Chambre des Députés, par le Comte de Laborde ; en
1851 , par MM. de Riancey et Favreau, et surtout à
celle faite en 1864.

Ces diverses propositions avaient pour objet d'ouvrir
une voie pour qu'après le décès d'un condamné, la révision pût être poursuivie par ses héritiers.

Elles se renfermaient dans le texte de l'article 445
du Code d'instruction criminelle , et ne demandaient pas

nouvel arrêt ou jugement aura condamné pour le même fait
un autre accusé ou prévenu, et que les deux condamnations
ne pourront se concilier, leur contradiction sera la preuve
de l'innocence de l'un ou de l'autre condamné.

3° Lorsqu'un des témoins entendus aura été, postérieure-
ment à la condamnation, poursuivi et condamné pour
faux témoignage contre l'accusé ou le prévenu.

Le témoin ainsi condamné ne pourra pas être entendu
dans les nouveaux débats.

444. Le droit de demander la révision appartiendra :

1° Au Ministre de la justice ;

2° Au condamné ;

3° Après la mort du condamné, à son conjoint, à ses
enfants, à ses parents, à ses légataires universels ou à titre
universel, à ceux qui en ont reçu de lui la mission expresse ;
toutefois, en matière correctionnelle, la révision ne pourra
avoir lieu que si le condamné est vivant et pour une condamnation au plus d'une année d'emprisonnement.

La Cour de cassation, section criminelle, sera saisie par
son procureur général, en vertu de l'ordre exprès que le

l'extension de la faculté de révision à d'autres cas que ceux prévus dans cet article, à savoir :

Le cas où il y a preuve de l'existence de la personne supposée homicidée ;

Celui où deux accusés ont été successivement condamnés pour le même crime ;

Celui où un des témoins entendus dans l'instruction a été condamné pour faux témoignage.

Ministre de la justice aura donné, soit d'office, soit sur les réclamations des parties, invoquant un des cas spécifiés ci-dessus.

La demande de celles-ci sera non recevable pour les cas déterminés aux Nᵒˢ 2 et 3 de l'art. précédent, si elle n'a pas été inscrite au Ministère de la justice dans le délai de deux ans, à partir de la seconde condamnation inconciliable, ou de la condamnation du faux témoin.

Dans tous les cas, l'exécution des arrêts du jugement dont la révision est demandée sera de plein droit suspendue, sur l'ordre du Ministre de la justice, jusqu'à ce que la Cour de cassation ait prononcé, et, ensuite, s'il y a lieu, par l'arrêt de la Cour qui aura statué sur la recevabilité.

415. En cas de recevabilité, si l'affaire n'est pas en état, la Cour procédera directement, ou par Commissions rogatoires, à toute enquête sur le fond, confrontation, reconnaissance d'identité, interrogatoires et moyens propres à mettre la vérité en évidence.

Lorsque l'affaire sera en état, si la Cour reconnaît qu'il peut être procédé à de nouveaux débats contradictoires, elle

A ce point de vue, le projet présenté comble la lacune, et donne toute l'extension désirable à la faculté de révision après le décès du condamné.

« Le projet, est-il dit dans l'exposé des motifs, » consacre les vœux émis en 1822, 1856, 1851, 1864; » il les dépasse même puisqu'il admet, pour tous les cas » d'ouverture, la révision posthume qui n'avait été solli- » citée, à ces dates successives, que pour l'unique hypo- » thèse de deux arrêts inconciliables. »

Le droit de demander la révision est accordé à tous les intéressés.

annulera les jugements ou arrêts et tous actes qui feront obstacle à la révision; elle fixera les questions qui devront être posées, et renverra les accusés ou prévenus, selon les cas, devant une Cour ou un Tribunal autre que ceux qui auraient primitivement connu l'affaire.

Dans les affaires qui devront être soumises au jury, le procureur général près la Cour de renvoi dressera un nouvel acte d'accusation.

116. Lorsqu'il ne pourra être procédé de nouveau à des débats oraux entre toutes les parties, notamment en cas de décès, de contumace ou de défaut d'un ou plusieurs con- damnés, en cas de prescription de l'action ou de celle de la peine, la Cour de cassation, après avoir constaté expressé- ment cette impossibilité, statuera au fond, sans cassation préalable ni renvoi, en présence des parties civiles, s'il

La révision est admise aussi bien pour les condamnations criminelles que pour les simples délits.

Seulement, en matière correctionnelle, le droit est restreint au cas où le condamné est vivant, et où la condamnation excède une année d'emprisonnement.

La révision est déférée à la Cour de cassation ou au jury et aux Tribunaux correctionnels, selon que le condamné est vivant ou qu'il est décédé.

Là où le débat oral ne peut plus s'ouvrir par le décès du condamné, la Cour de cassation est seule juge.

Quand le débat oral est possible, le droit commun

y en a au procès, et des curateurs nommés par elle, à la mémoire de chacun des morts.

Dans ce cas, elle annulera seulement celle des condamnations qui avait été injustement portée, et déchargera, s'il y a lieu, la mémoire des morts.

447. Lorsqu'il s'agira du cas de révision exprimé N° 1 de l'art. 443, si l'annulation de l'arrêt à l'égard d'un condamné vivant ne laisse rien subsister qui puisse être qualifié crime ou délit, aucun renvoi ne sera prononcé.

Art. 2.

Dans le cas où la condamnation donnant ouverture à révision dans les termes de l'art. 443, §§ 2 et 3, serait antérieure à la présente loi, le délai fixé par l'art. 444 pour l'inscription de la demande courra à partir de la promulgation.

reprend son empire, et la révision appartient, soit au jury s'il s'agit d'un crime, soit aux Tribunaux correctionnels s'il s'agit d'un délit.

L'initiative de l'action appartient au Ministre de la justice et aux parties intéressées.

Le Ministre de la justice est l'intermédiaire obligé pour transmettre les pièces à la Cour de cassation.

Enfin, le projet de loi s'occupe de la prescription.

Pour le premier cas d'ouverture, il n'y a pas de prescription; il est toujours temps de prouver que celui que l'on supposait mort est vivant.

Pour les deux autres cas, l'action doit être intentée dans le délai de deux ans, à partir de la dernière condamnation ou de celle qui constatera le faux témoignage.

La Cour de cassation, nantie de la demande, se livre à toutes les investigations qu'elle juge utiles; elle prononce définitivement et sans recours sur la recevabilité de l'action.

Ce préliminaire vidé, elle statue sur le fonds, ou renvoie, soit devant le jury, soit devant les Tribunaux correctionnels, selon la nature de l'action.

Il y a, dans l'ensemble de ces dispositions, toutes les

garanties désirables pour arriver à la réparation d'une erreur judiciaire, soit en faveur d'un condamné vivant, soit pour la mémoire d'un condamné décédé.

Seulement le droit de révision ne sort pas des trois cas spécifiées par l'article 445 du Code d'instruction criminelle.

Le Gouvernement s'est posé la question de savoir s'il était possible d'en admettre de nouveaux, et il a répondu négativement.

Selon l'exposé des motifs, créer de nouveaux cas de révision, ce serait revenir à la législation périlleuse de l'ordonnance de 1670, et oublier le principe de la loi moderne.

Entre un retour à la législation de 1670 et une exclusion absolue de toute possibilité de révision hors des trois cas prévus par le Code, n'y aurait-il pas un terme moyen possible ?

Parmi les réclamations de révision qui se sont produites devant les Chambres, et qui ont préoccupé nos plus éminents jurisconsultes, figurent la condamnation du *maréchal Ney*, celle de *Lesurques*. Faut-il que le législateur s'accuse d'impuissance en présence de cas aussi exceptionnels ?

— 169 —

Lorsque l'Empereur Napoléon ordonnait la révision de la condamnation prononcée contre le sieur Ellemberg condamné pour vol, et reconnu innocent de ce premier crime dans une seconde accusation portée contre lui, n'y avait-il pas, dans le fait qui se produisait, des considérations assez énergiques pour faire fléchir l'autorité de la chose jugée ?

Si, dans cette circonstance, il a été fait violence à la loi, n'est-il pas à désirer qu'en présence d'un innocent injustement condamné, la révision de la condamnation soit légalement possible, lorsque cette innocence apparaît d'une manière saisissante ?

L'exposé des motifs objecte que l'ancienne législation ne présentait pas aux accusés les mêmes garanties que leur offre la législation moderne :

Que, sous l'ancienne législation, l'instruction des procès criminels étant écrite, la loi organisant un système de preuves légales, il était facile de reconnaître l'erreur qui avait déterminé une condamnation ;

Que, de plus, l'incertitude qui régnait dans l'ordre des juridictions, les évocations arbitraires, les jugements par Commission, la sévérité souvent exagérée des peines, rendaient la révision nécessaire.

Ainsi, sous les anciens principes, la révision, d'après l'exposé des motifs, était aussi nécessaire que facile.

S'ensuit-il qu'elle ne soit ni l'un ni l'autre de nos jours?

Sans contredit, nos formes judiciaires offrent aux accusés plus de garantie : l'instruction lente et consciencieuse, toutes les facilités données à l'accusé pour se justifier, la discussion orale, la publicité des débats, le jugement par jurés, tout concourt pour conjurer une erreur judiciaire; mais l'incertitude des jugements humains n'est-elle pas aussi flagrante de nos jours? Les accusations ne sont-elles pas toujours environnées de nuages? Si nos formes judiciaires laissent moins de place à l'erreur, l'infaillibilité appartient-elle aux jugements humains ?

Si l'erreur judiciaire est possible aujourd'hui comme autrefois, pourquoi restreindre d'une manière absolue le droit de révision aux trois cas prévus par le Code d'instruction criminelle ?

Grâce aux garanties qu'offre notre organisation judiciaire (dit l'exposé des motifs), « le juge qui condamne » doit avoir la *certitude* de la culpabilité.

« Il faut, pour détruire cette décision définitive, avoir » aussi la *certitude* de son erreur... »

C'est aller bien loin ; il serait plus exact de dire : le juge qui condamne *croit* avoir la certitude de la culpabilité..... La loi, en effet, ne lui demande pas autre chose que de juger en son âme et conscience, de juger d'après sa conviction ; mais cette conviction est-elle la certitude ? Assurément non.

Sans doute, il a bien fallu que la loi donnât à sa décision le cachet de la vérité : *Res judicata pro veritate ;* mais ce n'est là qu'une fiction légale à qui les faits peuvent donner un démenti.

Voyons cependant si, dans le système du Code d'instruction criminelle, la loi n'admet la révision qu'au cas où il y a certitude de l'erreur.

Assurément, dans les deux premiers cas, la certitude de l'erreur est acquise.

Si celui dont on poursuivait le meurtrier est encore en vie, l'innocence du condamné est manifeste.

Lorsque deux individus ont été successivement condamnés pour le même crime, il est encore certain que l'un des deux est innocent, à moins qu'on ne les eût accusés de complicité.

Mais, dans le troisième cas, où est la certitude ?

Un ou plusieurs témoins ont été condamnés pour

faux témoignage ; s'ensuit-il que la preuve de la culpabilité n'ait pas été acquise par le concours d'autres circonstances ?

L'exposé des motifs ne se dissimule pas que, dans ce
cas, ce n'est pas la certitude qui fait brèche à l'autorité
de la chose jugée.

« Il est possible (y est-il dit) que le faux témoignage
» n'ait point pesé dans la balance de la justice.

» Le juge a condamné peut-être avec d'autres élé-
» ments que la parole du témoin qui s'est parjuré.

» Mais cette charge, qui aujourd'hui disparaît, a pu
» déterminer la sentence et devenir la base unique ou
» principale de la condamnation.

» Cette présomption suffit pour qu'il y ait révision. »

Voilà donc l'autorité de la chose jugée, la certitude
juridique ébranlée par une simple présomption ; pourquoi donc poser en principe, d'une manière absolue, que,
pour détruire la *certitude* résultant d'une condamnation,
il faut avoir la *certitude* de l'erreur ?

Si cette concession aux droits d'un innocent qui demande la révision de la condamnation prononcée contre
lui est reconnue nécessaire, si la révision peut être
admise dans un cas où il y a non pas certitude, mais

seulement présomption d'erreur, pourquoi exclure tous les autres cas où des présomptions d'erreur tout aussi puissantes se produiraient ?

Qu'on ne rétablisse pas la révision illimitée, telle qu'elle existait sous l'ancienne législation, « où (comme » le dit l'exposé des motifs) elle s'expliquait par les abus » dont elle était le remède, » cela se conçoit.

Mais ne serait-ce pas le cas d'ouvrir une voie qui pût, dans des cas très-rares, permettre de redresser une erreur, d'anéantir une condamnation injuste ?

Il n'est pas exact de dire que, sous les anciens principes, bien que la proposition d'erreur fût illimitée, la révision d'une condamnation fût facilement autorisée.

L'autorité de la chose jugée était tout aussi respectée sous l'ancienne législation que sous la nouvelle.

Les cas de révision étaient très-rares. « Il fallait, » comme le dit *Rousseau de la Combe*, de grands et puis- » sants moyens, soit dans la forme, soit au fond. »

Pourquoi la même faculté n'existerait-elle pas au- jourd'hui ?

La preuve de l'innocence du condamné ne peut-elle pas être acquise en dehors des trois cas admis par la loi ? Ne peut-il pas du moins exister, en faveur de cette innocence, une présomption tellement puissante, que la nécessité d'une révision soit flagrante?

Ainsi, dans le procès Ellemberg, l'innocence du condamné avait été juridiquement reconnue, sans qu'il se trouvât placé dans aucun des trois cas prévus par le Code : il y avait, en sa faveur, plus qu'une présomption d'innocence, et, cependant, la révision n'a pu avoir lieu qu'au moyen d'une illégalité.

Des cas analogues ne peuvent-ils pas se présenter?

Faudrait-il déclarer, par une loi, que le Chef de l'État pourra, par un décret spécial, ordonner la révision? Pourrait-on admettre des lettres de révision gracieuse, ainsi que la proposition en était faite en 1813? A côté du recours en grâce, pourrait-on placer le recours en révision?

Notre organisation judiciaire ne s'y prêterait pas; cependant, si le cas était prévu par une loi, la Cour de cassation ne pourrait-elle pas être nantie aussi bien par un décret du souverain, que par une réquisition du Ministre de la justice?

Elle n'en conserverait pas moins, dans toute sa plénitude, son droit d'appréciation et d'examen.

Si on pensait que légalement il ne pût y avoir d'autre

marche à suivre que celle adoptée par le projet, ne pourrait-on pas introduire des formes plus sévères pour les demandes en révision qui ne rentreraient pas dans les trois cas spécifiés?

Laisser au Ministre de la justice un pouvoir souverain d'appréciation ;

Ne permettre aux parquets à qui la demande serait adressée, de les faire parvenir au Ministre que lorsque les présomptions d'innocence leur paraîtraient suffisantes;

La difficulté de faire admettre la demande en révision corrigerait l'abus que le Gouvernement a redouté non sans raison.

Une autre restriction pourrait être apportée.

La faculté de révision en dehors des trois cas prévus par le Code pourrait être restreinte aux condamnations à la peine capitale, à la déportation, aux travaux forcés à perpétuité.

L'intérêt qui s'attache à un condamné à cause de l'énormité de la peine, commande une latitude plus grande.

Si, par respect pour la chose jugée, il ne faut pas qu'on ouvre légèrement la porte à des réclamations de ce genre; si le législateur ne peut se départir, à cet égard, d'une prudente réserve, il y a, dans la condamnation d'un innocent, une cause de douleur pour la justice tellement grave, que, si le mal ne peut être entièrement effacé, il est désirable qu'une réparation soit possible.

A ce point de vue, le projet de loi qui a fait un grand pas, qui donne satisfaction, dans une large mesure, à des vœux souvent reproduits, à des nécessités reconnues, laisserait encore à désirer.

CONTRAINTE PAR CORPS

La suppression de la contrainte par corps occupe aujourd'hui les esprits. Un projet de loi est soumis aux méditations du Corps Législatif, qui en a fait l'objet d'une laborieuse étude.

Si cette question devait être envisagée uniquement au point de vue philosophique, il serait impossible de justifier la privation de la liberté pour assurer l'exécution d'une convention.

S'il répugne à la raison qu'un homme puisse aliéner sa liberté par un contrat, il n'est pas logique de vouloir

12

que, pour l'exécution d'un engagement, la loi puisse en autoriser la privation.

Le Code dispose, d'une manière générale, que tous les biens d'un débiteur sont le gage de ses créanciers.

La loi parle de biens mobiliers et immobiliers; elle n'atteint pas la personne, qui ne peut être comprise dans les biens qu'il est permis d'aliéner et de saisir.

Sur quels principes reposerait donc la mainmise sur la personne ?

Pour se faire des idées justes à cet égard, il importe de consulter les phases diverses qu'a subies la législation sur la contrainte par corps, dans les divers temps et chez les peuples tant anciens que modernes.

I. — Les lois, en général, ne sont pas l'œuvre arbitraire du législateur; elles sont essentiellement basées sur les mœurs, et les mœurs elles-mêmes ne sont que l'expression des sentiments inspirés par la nature, s'imprégnant de la physionomie particulière de chaque peuple.

Ainsi la pensée de contraindre celui qui a contracté une obligation à l'exécuter a dû exister de tous les temps et chez toutes les nations.

Les moyens de coercition ont dû varier selon l'état de civilisation de chacune d'elles.

On s'étonne de la rigueur des lois anciennes, du pouvoir exorbitant dont les créanciers étaient armés à l'égard de leur débiteur; l'on s'étonnerait moins si l'on examinait de près le principe qui a dominé le législateur.

Dans les siècles de barbarie, là où le droit de propriété était réduit à sa plus simple expression, là surtout où les richesses étaient peu répandues, rien n'est plus naturel que de donner à un créancier le droit de se saisir de la personne de son débiteur.

Si l'on ajoute à cela l'existence de l'esclavage, c'est-à-dire de cet état social dans lequel l'homme pouvait aliéner sa liberté, où le fruit de son travail appartenait au maître dont il était l'esclave, rien n'est plus logique que la mainmise du créancier sur la personne de son débiteur. La personne, dans cet état de civilisation, était un bien qui devait servir de gage au paiement de la dette.

C'est ce qu'exprime énergiquement ce vieil adage :

Qui non potest luere in are luere debet in corpore.

Mais ce principe ne signifie pas que le débiteur qui

ne satisfait pas à un engagement contracté sera puni
dans sa personne.

Son véritable sens est celui-ci :

« Si le débiteur ne possède rien, il donnera à son
» créancier le fruit de son travail. »

Cela a pu être ainsi chez les nations qui admettaient
l'esclavage, c'est-à-dire chez la plupart des peuples de
l'antiquité.

Chez les Hébreux, il n'en était pas de même.

L'esclavage absolu n'est pas admis par le mosaïsme.

L'Hébreu ne pouvait engager ses services que pour
sept ans (1).

Aussi le droit du créancier à l'égard de son débiteur
était-il fort restreint.

L'exercice de ce droit était empreint d'un sentiment
d'humanité qu'on ne retrouverait pas dans les législations
modernes.

Le créancier qui a sujet de craindre de n'être pas payé
de son débiteur a le droit d'exiger un gage, mais il ne

(1) *Si tibi venditus fuerit frater tuus hebræus aut hebræa,
et sex annis servierit tibi, in septimo anno dimittes eum,
liberum, et quem libertate donaveris nequaquam abire
vacuum patieris, sed dabis viaticum de gregibus et de areâ.*
(Deutéronome, XV-12 ; Lévitique, XXV-39.)

peut pas entrer dans la maison de son débiteur pour le réclamer ; il doit attendre à la porte , afin que le gage lui soit remis.

Il ne peut prendre pour gage la meule qui sert à moudre le blé , vu qu'il prendrait, en quelque sorte , la vie de son débiteur (1).

Une pareille législation n'était pas compatible avec l'emprisonnement du débiteur.

(1) *Cum repetes à proximo tuo rem aliquam quam debet tibi, non ingredieris in domum ejus, ut ei pignus auferas, sed stabis foris, et ille tibi proferet quod habuerit.* (Deutéronome, XXIV-10, 11, 6 ; Salvador, *Institutions de Moïse,* t. I, p. 410, notes 122-123.)

M. Troplong pense que la contrainte par corps existait chez les Hébreux ; il cite une parabole de Saint Mathieu (XVIII-23).

L'autorité de cette citation peut-elle prévaloir sur le texte de la Bible ?

Dans la parabole du roi qui fait rendre compte à ses serviteurs, Saint Mathieu parle d'un débiteur qui ne peut payer ; son maître ordonne de le vendre, lui, sa femme et ses enfants.

Mais, touché de ses lamentations, il lui fait ensuite remise de la dette.

Ce serviteur, ainsi libéré, rencontre un de ses débiteurs, qu'il prend à la gorge pour le forcer à payer.

Le maître, averti, retire la remise qu'il avait faite de la dette, et livre ce serviteur peu charitable aux sergents.

En Grèce et à Rome il n'en était pas ainsi.

D'une manière absolue, le débiteur pouvait engager sa personne; il pouvait se mettre en esclavage pour travailler au profit de son créancier jusqu'à ce qu'il eût payé sa dette (1).

Le jugement de condamnation produisait les mêmes effets que la convention; il investissait le créancier de la possession de son débiteur.

Une fois l'idée de l'esclavage admise, quelle était la limite des droits du maître sur l'esclave?

Il faut reconnaître qu'il n'en existait point; le pouvoir du maître était porté jusqu'à l'abus.

M. Troplong voit là la contrainte par corps avec tout son cortége de rigueur.

Le récit de Saint Mathieu ne se concilierait pas avec les lois mosaïques.

Du reste, saint Mathieu était Galiléen; la Galilée formait une province séparée de Jérusalem; du temps de Saint Mathieu, la Galilée était sous la domination romaine. C'étaient les lois du vainqueur qu'on y suivait, tandis que Jérusalem avait conservé les siennes. Il n'y aurait donc rien à conclure de la parabole citée, qui a eu pour but d'enseigner un précepte de morale, et non de reproduire un point de législation.

(1) *Licebat cum torquere, malè mulctare, pecunias exigere et quodcumque denique ei mali voluerint, indictâ causâ, facere, atque etiam vel occidere.* (Ibid.)

Il ne faut donc pas être surpris si, à côté du droit de faire travailler le débiteur pour acquitter sa dette, le créancier usait de son pouvoir pour le tourmenter, lui infliger des châtiments et même le mettre à mort.

Ce sont là les excès exercés de tous les temps par les maîtres sur leurs esclaves, en faisant violence à tous les sentiments d'humanité et de justice.

En Égypte, malgré une loi de Boccharis, qui avait voulu enlever aux créanciers le droit de réduire en esclavage leur débiteur, l'usage avait été plus puissant que la loi.

Non-seulement l'esclavage était admis en Égypte, comme chez les autres peuples d'Orient; mais, si un débiteur mourait insolvable, un jugement déclarait infâme sa mémoire et le privait des honneurs de la sépulture.

Il fallait que les parents, guidés par un motif religieux, vinssent réhabiliter la mémoire du mort en payant ses dettes.

II. — C'est à Rome surtout que la contrainte par corps se produit dans toute son exagération. On distinguait le *nexus* et l'*addictus*. On pouvait engager sa liberté pour le paiement d'une dette et se constituer *nexus*.

On devenait esclave par condamnation : c'était l'*addictus*. Le débiteur était adjugé à son créancier, qui pouvait le faire travailler à son profit et en disposer.

On s'étonne du pouvoir absolu qu'exerçaient les créanciers sur leurs débiteurs *nexi* ou *addicti ;* mais, une fois l'état d'esclavage admis, les rapports qui existaient n'étaient plus ceux des créanciers aux débiteurs : c'étaient ceux du maître à l'esclave. Or, dans quel siècle et dans quel pays les maîtres n'ont-ils pas abusé de leur pouvoir sur leurs esclaves?

Même de nos jours, dans les États-Unis, où l'esclavage était en vigueur, les maîtres ne regardaient-ils pas leurs esclaves comme une chose, et ne se croyaient-ils pas autorisés à commettre envers eux toutes sortes d'excès?

L'état de servitude des débiteurs a été long-temps la plaie de Rome.

Vainement Servius avait-il voulu s'élever contre cet abus en prohibant aux citoyens romains d'aliéner leur liberté; la misère n'en déterminait pas moins les débiteurs à se soumettre à toutes les exactions de leurs créanciers.

Ce qu'il ne faut pas perdre de vue, c'est que la contrainte par corps n'avait pas alors le sens qui lui appartient aujourd'hui ; ce n'était pas seulement un genre de coercition exercé contre le débiteur, c'était le moyen de tirer profit de son travail (1).

La personne du débiteur était une chose dont le créancier avait le droit de se saisir, comme de tous ses autres biens.

Cette idée une fois admise, la disposition de la *loi des Douze Tables* n'en est qu'une logique application.

Le débiteur est adjugé à ses créanciers ; il lui est accordé soixante jours pour se libérer ou pour que quelqu'un des siens vienne à son aide.

Ce délai expiré, la *loi des Douze Tables* s'exprime en ces termes : De Capite sumito..... in partes secanto.

En prenant à la lettre les termes de cette loi, on y a vu le droit accordé au créancier de mettre à mort son débiteur et de le couper en morceaux, afin de partager son corps entre ses divers créanciers.

Le bons sens résiste à une pareille interprétation.

Quel que soit le degré de barbarie auquel un peuple

---

(1) *In servitutem se dabant creditoribus debitores, ad operas corpore præstandas.*

Saumaise, cité par M. Troplong, préface du *Traité de la contrainte par corps*, p. 9.

soit parvenu, le droit de couper un débiteur par morceaux, pour que chaque créancier puisse prendre sa part, serait une chose si monstrueuse, qu'il n'est pas permis de donner à la *loi des Douze Tables* une pareille interprétation, quelque répandue qu'elle soit, et quelque imposantes que soient les autorités qui l'ont admise.

Un fait certain est celui-ci : tous les auteurs sont unanimes sur ce point qu'il n'y a pas eu, sous l'empire de la *loi des Douze Tables*, un seul exemple d'un débiteur coupé en morceaux.

S'il en est ainsi, il faut rechercher si les termes de la *loi des Douze Tables* ne comportent pas une autre signification que celle qu'on a voulu leur donner.

Or, en suivant la procédure du *manus injectio*, de la mainmise du créancier sur la personne de son débiteur, on distingue plusieurs périodes.

Le débiteur a d'abord trente jours pour se libérer : c'est ce qu'on nomme *dies justi*.

Ce délai expiré, le créancier l'amène devant le juge (*in jus vocat*). Là le créancier lui adresse ces paroles sacramentelles :

Quod mihi damnatus es quæ dolo malo non solvisti.., ob eam rem tibi manus injicio.

A dater de ce moment, il est traité comme esclave de fait. Cet esclavage peut cesser par le paiement.

Si le débiteur ne trouve pas de répondant (*vindex*), il est adjugé au créancier.

Dans cet état d'*addictio*, qui n'a pas encore consommé le *capitis diminutio*, et qui ne lui a pas enlevé la possession de ses biens, il est amené devant le magistrat par trois jours de marché consécutifs, de neuvaine en neuvaine, afin que ses parents ou ses amis puissent payer pour lui. Après soixante jours, le changement d'état est complet.

Le *capitis diminutio* est consommé ; le maître a alors la plénitude de pouvoir sur l'esclave ; il peut le vendre à l'étranger au-delà du Tibre.

A dater de ce moment, ses enfants et ses biens passent dans le domaine de son créancier (1).

Ces faits connus, le sens de la *loi des Douze Tables* se présente naturellement.

Pœnas de capite sumito...... Ce n'est pas de la mise à mort qu'il s'agit (2) ; c'est évidemment de ce *capitis*

(1) Ortolan, *Explication historique des Institutes de Justinien*, t. II, p. 440 et suiv.

(2) *Quoties formula hujus modi apud Latinos occurrit, semper de quibus causis, de quibus hominibus sermo sit*

diminutio, qui est la plus forte peine qu'un citoyen romain pût subir, par les conséquences qu'elle entraînait.

Ce *capitis diminutio* faisant passer tous les biens du débiteur dans les mains des créanciers, il est naturel de vouloir que ces biens soient répartis entre eux *in partes secanto* (1).

La *loi des Douze Tables* ordonne donc le partage des biens et non du corps du débiteur.

Dans ce partage, il est juste que la division s'opère sans fraude, et qu'un créancier ne s'adjuge pas plus qu'un autre. *Si plus minusve secuerint sine fraude esto.*

C'est là le sens que des auteurs recommandables ont

videndum, et quibus ex legibus causa agatur, iisque quæ peuæ propositæ fuerint, nam itâ demùm CAPITIS *quæ sit vis intelligi potest, est vero ubi etiam pro solâ existimatione et famâ hominum sumitur caput.* (*Clavis Ciceronia*, p. 196, v° *Caput.*)

(1) *Secanto in partes* ne signifie pas couper un homme en morceaux : cette expression s'appliquait à la division des biens.

Iidem erant sectores bonorum et collorum. — *Ciceron. pro Rosc., 29 : Homines secari dicebantur quorum bona distrahebantur.* (*Augusti-Ernesti Clavis Ciceronia, Cice-*

donné à la *loi des Douze Tables*; et cette interprétation est conforme à ce qu'enseigne la raison, à ce qu'atteste surtout ce fait incontesté, qu'il n'y a jamais eu, à Rome, un débiteur coupé en morceaux.

M. Troplong ne s'arrête pas à cette manière d'expliquer la *loi des Douze Tables;* selon lui, les expressions brutales de la loi doivent être prises au pied de la lettre.

Le savant Magistrat a peut-être beaucoup trop donné au droit romain un cachet de barbarie, pour faire ressortir l'influence du christianisme sur la législation. Sans méconnaître cette influence sur la société païenne, il convient de se prémunir contre le danger de l'exagération.

M. Troplong, réfutant les auteurs assez nombreux

ronis opera, t. VIII, p. 390, r° Sector; édit. de Londres, 1819.)

Sector redemptor bonorum, secare sequi; undè ei sectator bonorum sectores dicti sunt. (*Ibid.*)

Les *sectores* étaient chargés de vendre par parcelles les biens des condamnés, *proscripti damnative*. Les biens de l'*addictus*, de celui qui avait subi *pœnas*, les peines *capitis*, c'est-à-dire de la diminution d'état (*capitis diminutio*), devaient être livrés aux *sectores* (*secanto*).

qui ont refusé de donner à la *loi des Douze Tables* ce caractère d'atrocité (1), croit pouvoir s'attacher aux termes
de la loi. « Le texte de la *loi des Douze Tables*, dit-il
» (p. 74), ne comporte aucune espèce de doute, tant il
» est explicite et précis : *pœnas de capite sumito :... in
» partes secanto.* Que veut-on de plus clair ? Mais, ajoute-
» t-il, ce ne sont pas seulement les mots qui sont d'une
» justesse désespérante pour l'équivoque, c'est encore
» l'enchaînement des idées, qui, par leur progression
» logique, frappent d'évidence et repoussent l'incrédulité.
» D'abord adjudication du débiteur; puis torture corpo-
» relle dans la maison du créancier ; enfin la mort et la
» section du cadavre : l'aggravation marche sans pitié ;
» elle est aussi bien observée que dans les tragédies les
» plus conformes aux règles classiques. »

Plein de sa conviction, M. Troplong repousse avec
dédain toutes les interprétations contraires. Il appelle
ceux qui ne se prêtent pas à admettre cette monstruosité

(1) Bynkerskoeck, *Commentaire de la loi des Douze Tables.*
Anne Robert, *Recueil judiciaire*, livre 2, chapitre VI.
Heiraldus, *de Rei judical.*, auct. XI-25, § VI, et *in
Salmasii observationes*, livre 6, chapitre IV.
Henneccius, *Antiq. Rom.*, livre 3, chapitre XXX, *acta
erud.* Lipsien, 1710, p. 73.

sans nom, attribuée à la *loi des Douze Tables*, *des in-*
venteurs d'amendements qui donnent de la sensibilité à la
loi des Douze Tables *et des vertus chrétiennes aux dé-*
cemvirs.

Malgré tout le respect que mérite l'autorité si grave
de M. Troplong, il est permis de rechercher si la *loi*
des Douze Tables a prescrit cette section d'un homme
par morceaux, sans examiner, comme l'ont fait certains interprètes cités par M. Troplong, si la section
devait s'opérer sur l'homme vivant ou sur le cadavre
(p. 77).

Reprenons les termes de la loi et l'enchaînement des
idées, en consultant toutefois le sens grammatical des
expressions employées et les lois auxquelles ces expressions se rapportent.

Pœnas de capite sumito signifierait, dans le sens
grammatical : *faites-lui subir la peine capitale.*

Mais, en s'attachant au sens grammatical, pourquoi
pœnas au pluriel? S'il s'agissait de la peine de mort,
la loi n'aurait-elle pas employé le mot *pœnam* au sin-
gulier?

Si l'on traduit la loi littéralement, qu'il subisse les
peines, *pœnas de capite,* le sens littéral devient clair.

Le mot *capite*, dans le laconisme de la *loi des Douze Tables*, s'appliquait évidemment au *capitis diminutio* (1).

Les peines du *capitis diminutio* étaient la perte de la qualité de citoyen,

La perte des biens,

La privation des droits de la famille,

La perte des enfants, qui passaient au pouvoir du maître.

Il y avait là des choses qui étaient susceptibles d'être partagées entre les créanciers.

In partes secanto. Pourquoi préférer à une idée juste et conforme aux mœurs établies un sens impossible, qui fait reculer d'horreur, dont aucun législateur n'avait pu concevoir la pensée?

C'est faire peser sur les décemvirs une bien odieuse accusation que de supposer qu'ils ont pu inscrire dans leur loi un acte impossible.

III. — L'interprétation que l'on a donnée à la *loi des Douze Tables* ne doit-elle pas s'écrouler devant ce fait,

(1) *Causæ capitis*, disent les interprètes, *porro capitales in quibus caput hominis agitur, sunt cum aliquis in judicium vocatus est publicum, quo condemnatus, locum in senatu aut alia sui ordinis commoda, civitatem* LIBERTATEMVE AMITTIT. (*Clavis Ciceronia, loco citato.*)

qu'il n'y a jamais eu d'exemple d'un acte de cruauté tel que celui qu'on suppose autorisé par la loi (1)?

Comment se ferait-il que les jurisconsultes romains ne se fussent pas soulevés d'indignation contre une pareille loi?

Cicéron, qui parle fréquemment de la *loi des Douze Tables,* n'aurait-il pas signalé cette affreuse barbarie?

Salluste, mettant dans la bouche de Catilina le tableau des misères auxquelles sont voués les débiteurs, parle-t-il de la peine de mort infligée, du cadavre coupé en plusieurs morceaux? Il ne signale que l'état de servitude et les maux qui sont la suite de l'esclavage (2).

(1) « Il est vrai, dit M. Troplong, avant et depuis la *loi
» des Douze Tables,* l'histoire ne trouve aucun vestige de
» cette cruelle section du cadavre, ni même de la mise à
» mort des obé...

» Jamais, dans les plaintes ardentes et réitérées du parti
» populaire contre les patriciens, on ne reproche à ces créan-
» ciers avides aucun de ces trois abus de la puissance domi-
» nicale. On signale à la haine publique leurs coups de fouet,
» leurs tortures, leurs abominables prisons.

» Mais nulle part on n'a avancé qu'un patricien ait poussé
» jusqu'à la mort, ou même jusqu'à la vente, ce droit du
» créancier sur l'adjugé (p. 84). »

(2) *Miseri egentes violentiâ atque crudelitate feneratorum
plerique patriâ, sed omnes famâ et fortunis expertes sumus,*

13

M. Troplong cite Quintilien, Tertullien et Aulu-Gelle.

Que ces trois auteurs, qui écrivaient dans les derniers siècles de Rome (1), aient reproduit l'acte barbare attribué à la *loi des Douze Tables*, sans plus sérieux examen, il ne faut pas en conclure que ce soit le véritable sens de cette loi. Ce qu'il faut prendre dans ces trois écrivains, c'est qu'ils reconnaissent qu'il n'y a jamais eu d'exemple de pareille atrocité.

En présence de ce fait capital, décisif, n'est-ce pas le cas de se demander si les termes de la loi ne comportent pas une interprétation plus raisonnable?

Montesquieu n'a pas hésité à réduire à sa juste valeur l'erreur historique qui s'attache à la *loi des Douze Tables* (2).

---

neque cuiquam licuit amisso patrimonio liberum corpus habere tanta sævitia feneratorum atque prætoris fuit. (Bell. Cat., I, 33.)

(1) Quintilien ajoute : *quam mos publicus repudiavit.* Ni lui, ni Aulu-Gelle ne s'attachent à rechercher s'il n'existerait pas un autre sens. Tertullien n'avait pas à défendre le paganisme.

(2) « Cecillus, dans Aulu-Gelle, dit qu'il n'a jamais vu
» ni su que cette peine eût été infligée; *mais il y a apparence*
» *qu'elle n'a jamais été établie.* L'opinion de quelques juris-
» consultes, que la *loi des Douze Tables* ne parlait que de

M. Ortolan (1) interprète la *loi des Douze Tables* dans le même sens ; le *pœnas de capite sumito* n'est pas traduit par la *peine capitale,* mais c'est du *capitis diminutio* qu'il s'agit.

« Faute de paiement après les soixante jours, la con-»clusion, dit-il, est *une diminution de tête* définitive, »qui termine sa vie de citoyen et d'homme libre. »

Les rapports du créancier au débiteur ne sont plus, dès lors, que ceux du maître à l'esclave, et l'esclave subissait toutes les tortures que le caprice du maître pouvait lui infliger.

Ce qu'il importe de démontrer, c'est que le prétendu droit de couper un homme par morceaux n'est pas inscrit dans la *loi des Douze Tables,* et que cette supposition, généralement répandue, repose sur une fausse interprétation de la loi.

M. Troplong signale le raffinement avec lequel le

» *la division du prix du débiteur vendu, est* TRÈS-VRAISEM-» BLABLE. » (Livre 29, chapitre II, Nº 2.)
Montesquieu aurait pu ajouter que les mots : *in partes secanto* s'appliquaient à la division des biens dont le débiteur était dépouillé par le *capitis diminutio.*
(1) *Explication historique des Institutes,* t. II, p. 441.

législateur exige qu'il ne soit pas commis de fraude dans le partage égal.

Cette circonstance seule aurait dû démontrer qu'il ne pouvait pas s'agir de la section d'un corps humain, à moins qu'on ne veuille supposer que les décemvirs eussent en vue de préparer un repas de cannibales.

C'est évidemment du partage des biens qu'il est question, et non de couper un corps humain en morceaux.

Dans le droit romain, les biens étaient essentiellement attachés à la personne.

On ne pouvait s'emparer juridiquement des biens d'un citoyen sans devenir maître de sa personne.

C'est là ce que réalisait le *manus injectio* suivi du *capitis diminutio*.

Plus tard, en vertu d'un édit du préteur, il fut permis aux créanciers, moyennant l'accomplissement de certaines formalités, de se mettre en possession de l'universalité des biens de leur débiteur.

C'est dans ce but que fut portée la loi *Rubria*, qui autorisa la prise de possession désignée sous le nom de *proscriptio bonorum*.

Sous l'empire de la *loi des Douze Tables*, on ne

pouvait dépouiller un débiteur que par le *capitis di-minutio*.

Le *capite minutus* ne pouvant plus posséder, ses biens devaient être répartis entre ses créanciers.

Cette opération se faisait par le *sector*. De là la recommandation d'opérer le partage sans fraude et de ne pas faire une part plus forte que l'autre.

Tout cela s'enchaîne et s'explique naturellement.

La *loi des Douze Tables* conserve un sens qui ne répugne pas à la raison et qui n'est que la reproduction des mœurs de l'époque.

Cela ne fait pas que la position des débiteurs, à Rome, ne fût pas digne de pitié, et que les créanciers ne fussent pas armés de droits rigoureux, devant lesquels la liberté des citoyens était sacrifiée.

On avait cependant, dans les derniers temps, adouci le sort des débiteurs, en admettant à la cession des biens ceux qui étaient réputés malheureux et de bonne foi.

Le débiteur, en tant qu'esclave, était soumis à tous les tourments que le maître voulait lui faire subir (1).

(1) *Olim debitores tamquam servi ibant in nervum. (Cujas, ad. tit. Cod. de priv. ea re int.)*

La cession des biens avait pour but de l'en affranchir (1).

Mais ceux qui étaient admis à la cession des biens
étaient notés d'infamie; ils ne recouvraient la liberté
que par la perte de leur honneur.

Ce n'en était pas moins un puissant correctif de la
rigueur de la contrainte par corps.

IV. — Si de Rome nous passons aux États modernes,
nous trouvons partout le créancier armé du droit de
s'emparer de la personne de son débiteur.

M. Troplong cite, d'après Grimm, une coutume de
Norwége qui permettait au créancier, lorsqu'il ne pouvait rien retirer de son débiteur qu'il retenait en prison,
de couper haut et bas sur son corps ce qui lui plaisait (2).

M. Troplong y voit la reproduction de la *loi des
Douze Tables.*

Quel rapport y a-t-il entre quelques expressions
exagérées, insérées dans un passage plus ou moins
authentique, d'une coutume d'un peuple à l'état de bar-

---

(1) *Omni corporali cruciatu remoto quasi dùm corporis
supplicium remittitur.* (Leg. 8. Cod. qui bon. cess. nov. 135,
c. 1, lit. 1. Cod. Theod., qui bon. ced. poss.)
(2) Préface, p. CXXIV.

barie, et les formalités nombreuses et raisonnées de la *loi des Douze Tables?*

M. Troplong remarque, de plus, que, lorsqu'un accusé admis à la composition ne payait pas la somme fixée, on pouvait le mettre à mort.

Mais cela est parfaitement logique, vu que, si un accusé de meurtre échappait à la peine de mort au moyen de la composition, il ne pouvait pas invoquer le bénéfice de la loi s'il ne payait pas.

Si l'on ne trouve pas, dans le cours du moyen âge, le droit accordé aux créanciers de mettre à mort leurs débiteurs, il faut reconnaître que les traitements qu'ils subissaient, alors qu'ils étaient retenus dans des prisons privées, avaient un caractère de rigueur que l'état de notre civilisation ne saurait admettre.

L'esclavage, malgré les enseignements de l'Évangile, s'était maintenu chez les nations chrétiennes.

Sous Charlemagne, il était permis à un débiteur de *s'obnoxier*, de se vendre à son créancier, lui et sa famille. On trouve la formule usitée en pareil cas dans le Recueil de Marculphe (1).

(1) Après avoir confessé la dette, le débiteur ajoutait : *Propterea obnoxiationem de capul ingenuitatis meæ in te*

En partant de cette idée que les débiteurs pouvaient se libérer en devenant esclaves et travaillant au profit de leurs créanciers, il était logique d'admettre que le créancier pouvait, par jugement, réduire son débiteur en esclavage pour jouir du fruit de son travail.

C'est le *nexus* et l'*addictus* du droit romain, reproduits dans la législation moderne (1).

Ce qu'on peut induire de là, c'est que la contrainte par corps, envisagée dans son principe, n'était pas une peine infligée au débiteur : c'était un moyen offert à un créancier pour obtenir le paiement de sa créance, non pas en infligeant un mal au débiteur, en le retenant en prison, mais en tirant profit de son travail.

C'est une application de l'état de servage établi par la féodalité.

Mais, lorsque l'affranchissement des serfs devint une des conditions de la civilisation, on substitua à l'escla-

fieri et affirmare rogavi, ut quidquid de mancipia vestra originalia facitis, tàm vendendi cùm mutandi et disciplinam imponendi ita et de me hodierno die liberam et firmissimam in omnibus faciendi potestatem habeas. (Formules de Marculphe, 11-28. — Ducange, v° *Obnoxiatio*.)

(1) Voir les Assises de Jérusalem.

vage l'emprisonnement, au travail profitable au créancier la détention stérile pour lui.

L'emprisonnement pour dettes devint alors une véritable peine. Ce fut un moyen d'intimidation, une véritable répression à subir.

C'est là ce que la législation nouvelle a trouvé établi.

Le droit de se saisir de la personne du débiteur pour s'attribuer le fruit de son travail a été détourné de son origine ; il a disparu avec la suppression de l'esclavage.

Converti en un emprisonnement, ce droit n'a plus eu de base légale.

Sous l'empire de la féodalité, la faculté d'emprisonner ses débiteurs s'était produite avec un cortége d'abus.

Il y avait des prisons publiques et des prisons privées.

Le créancier pouvait saisir son débiteur et le retenir en charte privée.

Les rois de France voulurent remédier à cet abus.

Une ordonnance de Philippe-le-Bel défend d'arrêter un débiteur condamné par un jugement, à moins qu'il n'y ait quelque convention contraire (1).

Cette ordonnance supprimait la contrainte par corps

(1) Ordonnance de 1303, article 12.

ça썼

judiciaire, et ne l'admettait qu'en vertu d'une convention.

Il s'ensuivit que la condition de se soumettre à la contrainte par corps (1) devint une clause de style.

Cependant, pour certains engagements, la contrainte par corps était de droit.

Il en était ainsi pour les engagements contractés dans les foires.

L'ordonnance de 1560 déclarait sujets à la contrainte par corps les engagements entre marchands.

Cette disposition est confirmée par l'ordonnance de 1667.

L'ordonnance de Moulins, de 1566, avait attaché la contrainte par corps à tout jugement de condamnation ; mais cette disposition fut abolie par l'ordonnance de 1667, qui distingua les affaires civiles et les affaires commerciales.

Le débiteur incarcéré pouvait recouvrer sa liberté en se faisant admettre à la cession de biens.

Pour cela, il fallait prouver qu'il était malheureux et de bonne foi.

(1) CLXI.

L'admission à la cession de biens était soumise à des conditions humiliantes.

Une des principales était le bonnet vert que devait porter le débiteur admis à la cession de biens.

Lorsque l'incarcération du débiteur avait lieu dans les prisons privées, il n'y avait pas à s'occuper des aliments; il fallait bien que le créancier incarcérateur ne laissât pas mourir de faim son prisonnier.

Quand les prisons privées furent supprimées et que l'emprisonnement dut s'opérer dans les lieux de détention le créancier fut soumis à consigner des aliments.

Un édit du mois d'Août 1670 et une déclaration du mois de Février 1680 défendaient aux huissiers de procéder à une incarcération sans qu'au préalable le créancier eût consigné les aliments, qui devaient être fixés par un règlement spécial (1).

Ces aliments fournis par le créancier laissaient à l'emprisonnement un reflet de son caractère primitif.

C'était toujours la mainmise du créancier sur son débiteur, mais une mainmise stérile, qui ne laissait pas au

_____

(1) Le Parlement de Toulouse les avait fixés à 5 sols par jour. (Rodier, *Questions sur la procédure civile.*)

débiteur l'espoir d'acquitter sa dette par le fruit de son travail,

V. — La Révolution de 1789, en donnant l'essor à toutes les idées de liberté, ne pouvait pas laisser subsister la législation sur la contrainte par corps sans s'en préoccuper.

Le 9 Mars 1793, la contrainte par corps fut abolie en principe, sauf les exceptions qui seraient établies par la loi.

La loi de Germinal an VI précisa les cas où la contrainte par corps serait admise, en distinguant les affaires civiles et les affaires commerciales.

Enfin le Code civil a posé de nouvelles règles sur l'exercice de la contrainte par corps.

Plus tard, la loi de 1832 a apporté une grande amélioration, en restreignant les cas dans lesquels la contrainte pourrait être exercée et la durée de cette contrainte, en réglant surtout les aliments à fournir par les créanciers.

C'est en cet état de choses que le Gouvernement, se préoccupant surtout du respect qui est dû à la liberté des citoyens, a soumis au Corps Législatif la question du maintien ou de la suppression de la contrainte personnelle.

On ne saurait se dissimuler la gravité de la question. Cependant, en l'examinant de près, sa solution est bien loin d'offrir tous les dangers que l'on signale.

Le Code civil a porté diverses restrictions à l'exercice de la contrainte.

En premier lieu, on ne peut se soumettre à la contrainte par convention.

Une exception est faite à l'égard de la caution d'un contraignable ;

A l'égard du fermier, pour le paiement du prix du bail.

D'autre part, la contrainte par corps est attachée à des faits qui se rapprochent du caractère du délit, ou à des actes commerciaux dominés par l'intérêt public.

Ainsi deux motifs principaux dirigent le législateur :

Mauvaise foi du débiteur, ayant en quelque sorte le caractère de délit ;

Intérêt public qui s'attache à la prospérité du commerce et à la sécurité des transactions commerciales.

Le Code de procédure ajoute aux cas prévus par le Code civil la condamnation à des dommages.

En 1828, une proposition fut faite par M. Jacquinot Pampelune, dans le but de la suppression de la contrainte par corps ; cette tentative n'obtint aucun succès.

En 1852, on s'est occupé non pas de supprimer, mais de restreindre l'exercice de la contrainte.

La loi de 1852 a conservé la distinction établie par le Code.

Seulement, au cas de condamnation au délaissement d'un héritage, elle a exigé un second jugement qui prononçât la contrainte par corps.

Elle a maintenu la stipulation de la contrainte de la part des fermiers, *derniers débris* (dit M. Troplong) *de la contrainte conventionnelle.*

M. Troplong motive cette stipulation sur ce que, dans le bail, il y a essentiellement un dépôt.

Mais la loi a satisfait à cette considération en accordant la contrainte de plein droit par la restitution des objets donnés en fonds de table.

La stipulation de la contrainte pour le paiement du prix du bail est donc difficile à justifier en principe.

La loi de 1852 déclare, en outre, que la contrainte n'aura pas lieu contre les mineurs, les septuagénaires, les femmes et les filles, sauf les exceptions pour ce qui a trait au commerce.

La loi fixe la durée de la contrainte selon l'importance de la somme.

En matière de commerce, la durée s'échelonne depuis un an jusqu'à cinq ans ; en matière civile, de un an à dix ans.

D'une manière générale, la contrainte a lieu contre les comptables et contre les étrangers, à moins qu'il ne s'agisse d'une somme inférieure à 150 fr.

La loi autorise même l'arrestation provisoire de l'étranger, à charge de poursuivre la condamnation dans la huitaine.

Enfin, la loi de 1832 augmente le chiffre des aliments, qui doivent être consignés d'avance pour trente jours.

La législation de 1832, mue par un sentiment d'humanité, a apporté sans doute un adoucissement à l'exercice de la contrainte ; mais ce moyen rigoureux d'exécution, maintenu en principe, est resté à peu près ce qu'il était auparavant.

VI. — Aujourd'hui, d'autres idées ont pris une sérieuse consistance.

On s'est surtout préoccupé du droit en lui-même, et le Chef de l'État, s'exprimant devant la Chambre, a clairement énoncé que le respect pour la liberté des citoyens exigeait que la personne d'un débiteur ne pût pas être engagée pour le paiement d'une dette.

Une protestation venue de si haut indique la voie dans laquelle le législateur doit marcher.

Dans un siècle de civilisation et de progrès, le respect pour la liberté des citoyens s'accorde essentiellement avec les mœurs, que les lois ont mission de sauvegarder.

Mais ce ne serait pas là, pour le législateur, une raison suffisante.

La contrainte par corps peut-elle être supprimée sans danger, sans porter une perturbation dans les relations commerciales ?

L'intérêt public commande-t-il qu'on impose au débiteur le sacrifice de la liberté de sa personne ?

Telle est la seule question que le législateur doit se poser.

La nécessité, en législation, autorise suffisamment à faire violence aux principes les plus sages.

Le philosophe peut se tenir dans les abstractions, le

législateur doit s'attacher aux faits et se laisser guider par l'intérêt général.

C'est à ce point de vue que la contrainte par corps doit être appréciée.

Lorsque la mainmise du créancier sur la personne de son débiteur est exercée dans le but de se saisir du fruit de son travail, la contrainte par corps est logique et a sa raison d'être.

En est-il ainsi lorsque ce n'est plus qu'un moyen d'intimidation et une rigueur exercée contre le débiteur qui ne paie pas ?

Envisagée sous ce rapport, la contrainte par corps prend le caractère d'une peine.

Or, c'est précisément là la qualité qu'on lui refuse.

La confusion à cet égard est telle que, lorsqu'on prohibe toute convention stipulant la contrainte par corps, on veut néanmoins attacher ce moyen de coercition à la violation de certains engagements.

On se fonde, il est vrai, sur ce qu'il y aurait fraude, mauvaise foi ou infidélité.

Mais tout cela touche de près à un acte délictueux.

VII. — On conçoit que la personne du délinquant

14

doive répondre du fait délictueux ; mais alors il faut entrer franchement dans le droit commun.

Celui qui vendra un immeuble dont il sait n'être pas propriétaire commet une action qui se rapproche beaucoup de l'escroquerie.

Que cet acte soit plus ou moins environné de manœuvres criminelles, l'action de s'emparer du bien d'autrui n'en existe pas moins.

Il serait plus logique de ranger un acte pareil dans la classe des délits et de le poursuivre correctionnellement, que d'attacher la contrainte par corps aux condamnations prononcées pour un fait de ce genre.

Si l'emprisonnement est susceptible d'intimider le débiteur, la crainte d'une action correctionnelle le sera beaucoup plus.

Si la famille ou les amis peuvent être disposés à venir en aide au condamné pour lui éviter l'emprisonnement, leur sollicitude ne sera pas moins éveillée par la crainte d'une action correctionnelle.

Seulement, pour les délits de ce genre, il faudrait poser en principe que la poursuite n'aura lieu que sur la plainte de la partie intéressée.

Du moment qu'il est admis en principe que la contrainte par corps ne peut être stipulée pour l'exécution d'un contrat, les Tribunaux ne peuvent être autorisés, en ordonnant l'exécution d'une convention, à ajouter à la condamnation la voie de la contrainte.

C'est toujours, d'une manière indirecte, vouloir que la personne réponde d'un engagement contracté ; c'est s'écarter de cette disposition de la loi qui porte que les biens *tant mobiliers qu'immobiliers* répondent de l'exécution des engagements ; ce qui laisse à l'écart la personne du débiteur.

Les divers cas dans lesquels la loi admet la contrainte par corps en matière civile rentreraient tous dans une catégorie de délits.

Ainsi la contrainte pour restitution des dépôts se motive par la violation du dépôt (fait délictueux).

Il en est de même pour la répétition de sommes consignées dont il y a eu détournement, contre les officiers publics, pour les forcer à représenter leurs minutes (ce refus constitue un fait disciplinaire), contre les notaires, avoués, huissiers, pour restitution de pièces déposées ; ce qui rentre toujours dans la violation de dépôt ou l'abus de confiance.

On ne trouverait pas, il est vrai, la même raison

pour la caution judiciaire ou les cautions des contraignables par corps. Le motif puisé dans le fait délictueux ne peut aller jusque-là; aussi, lors de la discussion du Code civil au Conseil d'État, cette soumission de la caution à la contrainte avait-elle soulevé des difficultés.

Le consul Cambacérès voulait que la disposition ne s'appliquât qu'à celui qui était associé du comptable, et non à la caution.

Quant à la stipulation de la contrainte pour le paiement des fermages des biens ruraux, cette exception à la règle qui repousse la contrainte conventionnelle ne se justifie pas.

On fait valoir l'intérêt de l'agriculture.

Ce n'est pas par une atteinte portée à la liberté que l'agriculture doit être sauvegardée.

Le fermier incarcéré paiera beaucoup moins que celui qui, après le bail expiré, pourra exercer fructueusement son industrie.

C'est tarir la source du travail que de frapper un homme jeune et valide dans sa personne, lorsqu'il n'est coupable d'aucun délit.

C'est sacrifier l'intérêt général à l'intérêt particulier du créancier.

C'est à celui qui contracte à s'assurer de la solvabilité de celui avec qui il traite, en prenant en considération sa fortune, son activité, sa moralité, non sa personne.

Quand on saura que la personne n'est pas, ne peut pas être engagée, on sera plus prudent.

En matière civile, ces considérations sont déterminantes.

La suppression de la contrainte en matière civile devrait ne pas souffrir de difficulté, sauf à attacher une pénalité à certains faits que la loi pourrait classer parmi les actes délictueux.

La peine qui les atteindrait servirait à la fois d'intimidation et de répression.

L'application de cette peine serait plus équitable que l'exercice de la contrainte.

Ainsi, d'après la loi, un débiteur peut, dans certains cas, être privé de sa liberté pendant dix ans.

Si, au lieu de ne pas payer sa dette, il avait volé une somme équivalente, il serait passible d'une condamnation correctionnelle qui le priverait de sa liberté pendant cinq ans au plus.

A ce point de vue, il n'y a pas justice dans l'application de la contrainte par corps : c'est un reflet des rigueurs du moyen âge contre le débiteur insolvable.

Le créancier n'a plus, sans doute, le droit de s'emparer de la personne de son débiteur pour s'approprier le fruit de son travail; il ne peut plus le tenir en charte privée; mais c'est l'État qui lui fournit un lieu de détention, à la charge par lui de pourvoir aux aliments du détenu.

L'emprisonnement pour dettes n'est pas une peine, puisque l'incarcération n'a pas lieu à la réquisition du ministère public; elle n'est pas, pour le créancier, un moyen de faire tourner à son profit le travail de son débiteur; de sorte qu'elle ne se justifie ni par les principes du droit pénal, ni par ceux du droit civil.

C'est uniquement un mal infligé au débiteur sans profit pour le créancier.

Ainsi, vu de près, l'emprisonnement est aussi nuisible au créancier qu'au débiteur, qui est mis hors d'état de se procurer des ressources par son travail et son industrie.

VIII. — Il est vrai qu'à l'aide de ce moyen rigoureux, on espère que les parents ou les amis viendront au secours du débiteur : voilà le but de la contrainte, la seule efficacité possible.

N'y a-t-il pas là un véritable abus des sentiments généreux? Est-il moral de vouloir contraindre indirectement les amis ou les parents d'un débiteur insolvable à payer ce qu'ils ne doivent pas, à devenir responsables d'une faute qu'ils n'ont pas commise?

Il est bien, sans doute, de fortifier les sentiments de famille; mais est-ce un moyen d'en propager l'expansion que de mettre une famille honorable dans cette situation, qu'elle devra opter entre un sacrifice d'argent qui lui sera onéreux, et une atteinte à l'honneur de l'un de ses membres?

Que cette alternative se présente quelquefois, et que les sentiments honorables puissent prévaloir, c'est un acte qu'il faut environner d'estime et de respect; mais que l'exploitation de pareils sentiments puisse entrer dans le calcul du législateur, qu'un moyen de coercition soit créé tout exprès pour qu'un parent ou un ami vienne en aide au parent ou à l'ami qui sera frappé d'insolvabilité, il y a là quelque chose qui répugne à une morale sévère.

Il faudrait, pour légitimer la contrainte, qu'on signalât un effet utile à l'encontre du débiteur lui-même.

Or, l'exercice de la contrainte paralyse les ressources du débiteur au lieu de les accroître.

Il est vrai que le débiteur incarcéré peut se soustraire à l'emprisonnement au moyen de la cession des biens.

Mais ce moyen offert au débiteur malheureux et de bonne foi ôte à la contrainte par corps la majeure partie de son efficacité.

Le débiteur qui se laisse emprisonner est essentiellement insolvable ; l'exercice de la contrainte ne lui fera pas trouver des ressources qu'il n'a pas.

On a vu, au surplus, des débiteurs très-solvables subir l'emprisonnement avec l'espoir d'être libérés lorsque le temps prescrit serait écoulé.

La partie utile de la contrainte se réduit donc à peu de chose.

Il ne faut pas admettre que le maintien de la contrainte soit commandé par les véritables intérêts du crédit.

D'après M. Troplong, les hommes pratiques ne demanderaient pas l'abolition absolue de la contrainte par corps ; ils n'en voudraient la suppression que pour le cas où il n'y a pas, de la part du débiteur, *réticence, contumace, fraude ou faute lourde équivalant au dol* (1).

(1) Préface du Traité de la contrainte par corps, *in fine.*

C'est donc à titre de peine que la contrainte serait maintenue; mais c'est là une disposition à ajouter au Code pénal.

Que l'on convertisse en délit le fait, de la part du débiteur, d'avoir trompé son créancier, d'avoir abusé de sa confiance, alors une peine pourra, à bon droit, être appliquée.

« Il n'y a pas une grande différence, disait au Par-
» lement anglais M. Baring, Président du Conseil de
» Commerce, entre celui qui a contracté un dette sa-
» chant qu'il ne pouvait l'acquitter, et celui qui est con-
» vaincu d'un léger larcin. »

Tant que la loi pénale n'aura pas édicté une pénalité, il n'y a plus qu'à savoir si la liberté du débiteur peut être engagée pour l'exécution d'un contrat, et, sur ce point, l'hésitation n'est pas possible.

En matière civile, la contrainte par corps ne peut pas être soutenue; qu'en est-il en matière commerciale?

IX. — C'est là que se concentrent tous les efforts de ceux qui réclament le maintien de ce moyen d'exécution.

« D'après eux, la suppression de la contrainte doit
» nuire essentiellement au crédit.

« Les affaires commerciales se traitent en général avec
» précipitation ; on n'a pas le temps de se connaître ; on
» traite sur des points éloignés ; on est réduit à se fier
» à des renseignements puisés à des sources plus ou
» moins sûres. »

Qu'y a-t-il de fondé dans ces divers motifs ?

Pour apprécier l'efficacité de la contrainte par corps,
il faut se demander si l'exercice de ce moyen d'exécution
a lieu fréquemment en matière commerciale.

On peut, sans hésiter, répondre que rien n'est plus
rare, entre commerçants, que la mise à exécution de la
contrainte.

Le commerçant qui ne peut pas payer dépose son
bilan.

La menace de la contrainte ne fait que hâter la déclaration de faillite.

Ainsi, si quelque chose donne sécurité aux transactions commerciales, ce n'est pas la contrainte par corps,
c'est le danger d'encourir une déclaration de faillite :
cruelle extrémité devant laquelle les négociants honnêtes
reculent.

Là, la famille, les amis interviendront pour éviter
cette flétrissure à leurs parents ou à leurs amis.

A quoi bon alors la contrainte par corps ?

Il ne faut pas se méprendre : quand on demande le maintien de la contrainte par corps, ce n'est pas du véritable commerce qu'il s'agit, c'est uniquement du sort des lettres de change souscrites par des non-commerçants.

Dans la discussion qui eut lieu aux Chambres en 1828, sur la proposition M. Jaquinot-Pampelune, on signalait avec raison que ce n'étaient pas des commerçants que l'on trouvait à Ste-Pélagie, mais *des propriétaires, des rentiers, d'anciens militaires, des étudiants, des hommes de lettres, des ouvriers*, incarcérés pour le paiement de lettres de change déclarées par la loi actes de commerce.

S'il en est ainsi, y a-t-il utilité à maintenir la contrainte par corps en matière commerciale ?

N'est-ce pas, en dernière analyse, appliquer les principes du droit commercial à des individus qui ne sont pas commerçants ?

La création d'une lettre de change, qu'est-ce autre chose qu'un moyen détourné couvrant la stipulation de la contrainte ?

Cette soumission à la contrainte par corps, qu'on ne

pourrait consentir directement, on la stipule d'une manière indirecte.

Si, pour la même cause, entre les mêmes individus, la reconnaissance de la dette se produit sous la forme d'une lettre de change, on devient contraignable par corps.

La forme emporte le fond.

Il y a là un abus évident que la loi doit faire disparaître.

On dit, il est vrai, que la lettre de change, une fois créée, est une monnaie qui circule, à laquelle doivent être appliqués rigoureusement les principes commerciaux.

Mais, s'il en est ainsi, il faudrait pousser la logique jusqu'au bout.

Si le souscripteur d'une lettre de change devient commerçant, appliquez-lui la loi commerciale ;

S'il ne paie pas, qu'il puisse être déclaré en faillite.

La crainte de la faillite sera aussi efficace que l'exercice de la contrainte.

Est-il bien sûr, d'ailleurs, que la souscription des lettres de change par des non-négociants compte pour beaucoup dans le mouvement des affaires commerciales ?

Qu'ont de commun les opérations intervenues entre

des capitalistes et des particuliers qui empruntent leur argent, avec la prospérité et le développement du commerce?

Est-ce dans la contrainte par corps qu'il faut chercher les éléments du crédit?

X. — Aujourd'hui que le monde est sillonné de vastes entreprises où des travaux immenses sont exécutés, où des centaines de millions sont confiés à des gérants, n'est-ce pas l'activité, la capacité, la moralité qui sont les bases essentielles du crédit?

A quoi bon y ajouter la contrainte par corps, la mainmise sur la personne, faible ressource, bonne à exploiter dans des siècles moins civilisés?

Mais, de nos jours, la personne s'efface; c'est l'intelligence créatrice qui est le capital sur lequel se base le crédit, et cette intelligence ne s'emprisonne pas : elle a besoin de liberté pour prendre tout son essor.

Le Souverain éminemment intelligent qui préside aux destinées de la France a donc émis une idée en harmonie avec les besoins de notre temps, lorsqu'il a présenté l'abolition de la contrainte par corps comme une réforme que le législateur devait réaliser.

La suppression de la contrainte produira sûrement moins d'inconvénients qu'on ne suppose.

La mise à exécution de ce moyen rigoureux inscrit dans les lois devient chaque jour plus rare.

Sauf quelques débiteurs insolvables que l'on classe à tort parmi les commerçants, quels sont ceux contre qui la contrainte par corps est exercée?

Les statistiques des prisons pour dettes constateraient que ce moyen rigoureux, qui, dans l'état de nos mœurs, répugne au créancier, n'est pratiqué que dans les cas exceptionnels et à la dernière extrémité.

Pourquoi alors laisser subsister dans la loi une voie de rigueur qui blesse les principes constitutifs de notre droit public, en rangeant la liberté de la personne parmi les choses qu'il est permis d'aliéner et de saisir?

XI. — Ce n'est pas d'aujourd'hui, et en France seulement, que des voix se sont élevées en faveur de la suppression de la contrainte par corps.

Dans la plupart des États, la question a été agitée, et de notables modifications ont été apportées à l'exercice de cette voie de rigueur.

Dans certains États, ce n'est pas par l'emprisonnement

du débiteur que la contrainte s'exerce, c'est en le con-
damnant à travailler au profit de son créancier. (1).

Dans la discussion qui eut lieu devant la Chambre en
1828, M. Laffite, repoussant la contrainte par corps,
même en matière commerciale, s'exprimait ainsi :

« Les États-Unis et l'Angleterre sont au sommet de
» l'échelle commerciale. Eh bien! les États-Unis ont
» aboli l'incarcération pour dettes, et les voix les plus
» éloquentes s'élèvent de toutes parts, en Angleterre,
» pour que cet exemple soit imité. »

Aux États-Unis, il suffisait, pour échapper à la contrainte, de prêter le serment d'insolvabilité (2).

Partout les esprits tendent à faire passer dans les lois
les idées d'humanité qui sont dans les mœurs. Les actes
de rigueur qui s'attachent à la personne inspirent un
sentiment de répulsion, et, sans s'élever à des théories
abstraites sur la dignité de l'homme, la liberté individuelle ne doit être atteinte que lorsque l'intérêt public
en exige le sacrifice.

(1) Code prussien, part. I, tit. 24, art. 42.
Il en est ainsi dans le Danemarck, la Norwége, la Suède,
la Russie. (Angelot, *Sommaire des législations des États du
Nord*, p. 47.)
(2) Gordon, *Digest of the laws of the United-States.*

XII. — La suppression absolue de la contrainte serait donc la conséquence logique de la saine application des principes ; mais, quand il s'agit de changer un état de choses qui subsiste depuis long-temps, le législateur peut-il opérer ces changements sans transition ?

N'existe-t-il pas des intérêts engagés qui commandent des ménagements ? Ne faut-il pas laisser aux esprits le temps de s'habituer à une modification de la législation ?

A ce point de vue, on conçoit les hésitations qui se manifestent dans les pouvoirs législatifs.

Le projet de loi soumis à la Chambre, après avoir été long-temps élaboré par le Conseil d'État, consacre la suppression absolue de la contrainte. De vives oppositions se sont produites. Le projet a été l'objet d'amendements qui ont motivé un nouveau renvoi au Conseil d'État.

La suppression absolue soulève des résistances, qui prennent leur source dans la crainte exagérée peut-être de porter une perturbation dans les éléments du crédit.

Si l'on croyait devoir maintenir la contrainte par corps dans certains cas, ne serait-il pas sage de laisser aux Tribunaux la faculté de l'accorder ou de la refuser ?

On arriverait ainsi graduellement à la suppression

absolue. Mais il y a lieu de penser que les difficultés s'aplaniront lors de la discussion.

Au surplus, la lenteur avec laquelle procède le législateur ne saurait être critiquée; ce qui importe, c'est que le principe lui-même soit mis en question; qu'il soit démontré que l'application de la contrainte n'est plus en harmonie avec l'état actuel de la civilisation. Le moment viendra de lui-même où l'on pourra, sans danger comme sans regret, voir disparaître de la législation une voie de rigueur que la saine raison et la morale repoussent.

NOTE ADDITIONNELLE

——

Le projet de loi présenté à la Chambre avait été soumis à un nouvel examen par suite des amendements proposés.

Après de nouvelles enquêtes, le Conseil d'État a maintenu, de plus fort, le projet tel qu'il l'avait proposé.

Ce projet est ainsi conçu :

ARTICLE 1er. — La contrainte par corps est supprimée en matière commerciale, civile, et contre les étrangers.

ARTICLE 2. — Elle est maintenue en matière criminelle, correctionnelle et de simple police.

Le projet organise ensuite le mode d'exécution de la contrainte pour les condamnations prononcées au profit de l'État, pour les amendes, restitutions, dommages-intérêts et frais en matière criminelle, correctionnelle et de police.

Des dispositions analogues sont édictées pour les condamnations de même nature, prononcées au profit des particuliers.

Les particuliers qui exercent la contrainte par corps dans les cas prévus, doivent fournir des aliments aux détenus.

La durée de la contrainte par corps est limitée ; le *maximum* est de deux ans.

Les condamnés qui justifient de leur insolvabilité sont mis en liberté.

Les détenus peuvent se soustraire à la contrainte en fournissant caution.

Ceux qui ont obtenu leur élargissement ne peuvent plus être incarcérés pour la même dette. Les Tribunaux peuvent, dans l'intérêt des enfants mineurs, surseoir à l'exécution de la contrainte pendant un an.

Les dispositions de la nouvelle loi sont applicables à tous jugements entiers prononçant la contrainte.

Ce projet de loi qui réalise la noble pensée de l'Empereur, est la consécration des principes de justice et d'humanité qui doivent guider le législateur.

L'exercice de la contrainte par corps n'est plus en harmonie avec nos mœurs ; cette voie de rigueur répugne à tous ceux qui ont le sentiment élevé de la dignité humaine : punir corporellement le débiteur qui est assez malheureux pour se trouver hors d'état de payer ses dettes, c'est revenir aux mœurs du moyen âge, c'est nuire tout à la fois au débiteur et au créancier.

Comment se fait-il, cependant, qu'une réforme dès long-temps désirée, qu'après de longues et sérieuses études, le Conseil d'État, écho fidèle des pensées du Souverain, n'hésite pas à proposer avec persistance, ait trouvé, néanmoins, une vive opposition dans le Corps Législatif?

La majorité de la Commission a proposé le rejet du projet de loi.

Le rapport de M. Josseau, qui dénote un examen approfondi de la question, n'admet pas la possibilité de la suppression de la contrainte.

Les motifs sur lesquels cette opinion se fonde sont-ils aussi sérieux qu'a paru le penser la majorité de la Commission?

Dans la mémorable discussion qui a eu lieu, on n'a défendu que faiblement la légitimité de la contrainte par corps en principe; les considérations d'humanité qui militent en faveur de sa suppression, auraient été unanimement acceptées; mais on s'arrête devant l'intérêt général.

» L'opinion publique, a-t-on dit, réclame le maintien » de la contrainte par corps.

» C'est un moyen de crédit, une des puissantes garan-
» ties des opérations commerciales.

» Cette voie rigoureuse d'exécution est efficace. »

Comment concilier cette prétendue opinion publique
avec les vœux émis par les hommes les plus compétents,
tels, par exemple, que M. Denière, ancien président
du Tribunal de Commerce de la Seine?

On a dit que, dans 51 ressorts, la magistrature s'était
prononcée pour le maintien de la contrainte par corps.

Mais on a omis de dire que, sur tous ceux qui voulaient
le maintien de la contrainte, il n'y en avait pas un seul
qui ne réclamât des adoucissements dans le mode
d'exécution.

« Quant à moi, a dit avec raison M. le Garde des
» Sceaux, j'ai préféré la suppression complète de la
» contrainte par corps, au maintien d'une contrainte
» amoindrie, honteuse, en quelque sorte, et qui n'ose
» pas se montrer en face. »

On a soutenu que la contrainte agissait comme intimidation, que c'était un moyen de crédit.

Que ce soit un moyen de crédit pour ceux qui n'offrent
pas d'autre sûreté, cela peut être ; mais ce moyen de
crédit n'est pas à l'usage du véritable commerce.

Les débiteurs qui subissent la contrainte sont ceux qui ne peuvent payer : à quoi l'intimidation peut-elle servir sur ceux à qui on demande une chose impossible ?

« Il y a eu, a-t-on dit, dans 5 ans, 75,000 jugements » rendus comportant la contrainte ; le plus grand nombre » ont été exécutés volontairement. »

On a attribué cette exécution à l'intimidation résultant de la contrainte.

« Croyez-vous, a répondu M. le Garde des Sceaux, » que si vous preniez, non plus des jugements rendus » par les Tribunaux de commerce, mais 75,000 juge » ments rendus par le Tribunal civil n'entraînant pas la » contrainte par corps, vous ne trouveriez pas le même » nombre de jugements volontairement exécutés ? »

Pour prouver que la contrainte par corps agit contre les commerçants, on a dit que, sur 5,550 individus condamnés pendant les cinq dernières années, 4,122 l'ont été comme commerçants ou industriels.

« Le prodigue, a dit M. le Garde des Sceaux, fait » un acte de commerce ; il se rend justiciable du Tribunal » de commerce ; voilà pourquoi je doute de la qualité » de commerçant attribuée à ce débiteur. »

Dans la longue discussion qui a occupé plusieurs

séances de la Chambre, les discours de M. Marie et
de M. le Garde des Sceaux n'ont pas laissé une seule
objection sans réponse.

M. le Garde des Sceaux, surtout, a admirablement
fait ressortir les grands principes de liberté et d'humanité
dont la législation doit s'inspirer.

« Nous n'avons pas cru possible, a-t-il dit, le maintien
» de la contrainte par corps à une époque où de nom-
» breuses lois avaient été présentées et votées pour
» sauvegarder les droits de la liberté individuelle, pour
» adoucir la contrainte en matière pénale, pour correc-
» tionnaliser des faits qui, auparavant, étaient réputés
» crimes. Tout cela, nous l'avons fait par respect pour
» la dignité de l'homme; et vous venez nous demander
» ensuite le maintien d'un principe qui l'offense si grave-
» ment? »

Après avoir démontré que la contrainte par corps est
illégitime dans son principe, inutile dans son application,
M. le Garde des Sceaux ajoute:

« Oui, après avoir examiné la loi à tous les points
» de vue, je demeure de plus en plus convaincu qu'en
» vous la présentant, nous avons fait un acte raisonnable,
» utile, en harmonie avec toute la conduite du Gouver-

» nement; un acte qui, sans porter préjudice à aucun
» intérêt sérieux, nous fait de plus en plus entrer dans
» la voie de sage liberté où nous voulons marcher. »

Ce noble langage a été dignement apprécié par la
Chambre.

L'abolition de la contrainte par corps a été votée à
une imposante majorité (1); ainsi, le vœu d'humanité, de respect pour la dignité de l'homme, qui s'était
produit, à tant de reprises diverses, devant les pouvoirs
législatifs, aura trouvé une éclatante consécration.

La suppression de cette excessive rigueur du droit
civil ne fait-elle pas présumer que, dans un temps plus
ou moins prochain, le même sort est réservé à la dernière rigueur du droit criminel ?...

_____

(1) Un renvoi à la Commission a été prononcé pour réviser
les articles relatifs à l'exercice de la contrainte par corps
pour amendes, frais et dommages en matière criminelle.

On a observé, avec raison, que, du moment où la contrainte
par corps était supprimée, il n'y avait pas lieu de la maintenir
pour des intérêts civils.

Il y a lieu de penser que les articles renvoyés à l'examen
de la Commission seront mis en harmonie avec le principe
de la suppression voté par la Chambre, et que l'emprisonnement ne sera maintenu que pour les condamnations qui
constituent une pénalité.

Un notable progrès réalisé par la loi que le Corps Législatif vient de voter, c'est la suppression de la contrainte par corps à l'encontre des étrangers.

Lorsque M. Jacquinot-Pampelune demandait, en 1828, une réforme à la loi de la contrainte, il faisait ses réserves à l'égard de l'étranger.

« La loi de 1807, disait-il, ne paraît pas susceptible » d'être abrogée ; elle touche de trop près au droit des » gens et de la réciprocité qui est la base de ce droit : » comment, en effet, n'userions-nous pas, chez nous, d'un » moyen dont presque toutes les nations usent envers » les étrangers ? Ne serait-ce pas nous placer envers elles » dans une situation inférieure à celle dans laquelle elles » se maintiennent par rapport à nous ? »

Tels étaient les principes qui prévalaient, lorsqu'il était question des droits des étrangers en France.

La réciprocité se concilie-t-elle avec les idées de justice et de progrès dont la France est fière de donner l'exemple ?

Si la contrainte par corps est contraire aux principes d'humanité, si elle est attentatoire à la dignité de l'homme, ces vices subsistent à l'égard de l'étranger comme à l'égard des Français.

Le principe de la réciprocité a fait son temps; il a été abandonné, quant au droit de succéder; il n'aura bientôt plus de place dans notre législation.

En admettant l'étranger à participer à la vie civile en France, on n'a pas à s'enquérir de ce que les autres nations peuvent faire à l'égard des Français. Ce serait arrêter la marche de la civilisation, que d'appliquer aux étrangers, en France, les mêmes lois que des nations moins éclairées que nous peuvent maintenir à l'égard des Français, alors que ces lois seraient contraires aux idées de justice et d'humanité.

Au lieu de convier les autres peuples à entrer dans la voie du progrès, la législation, en France, ferait un pas rétrograde et se placerait à leur niveau.

La loi sur la suppression de la contrainte ne pouvait faire de distinction; le principe posé par cette loi devait être appliqué d'une manière absolue, tant aux Français qu'aux étrangers.

FIN.

TABLE DES MATIÈRES.

	Pages.
Préface......................................	V
De la Peine de mort........................	1
Chapitre Ier. — Du Droit de punir.............	1
— II. — La peine doit-elle être une expiation ?......................	7
— III. — De la nature des peines et de leur efficacité....................	12
— IV. — De la Peine de mort...........	22
— V. — La Peine de mort n'est pas nécessaire.	33
— VI. — La Peine de mort n'atteint pas le but que la législation pénale se propose.	43
— VII. — Nécessité de l'abolition de la Peine de mort reconnue par les Cours souveraines, par de nombreuses et imposantes autorités..........	51
— VIII. — Continuation du même sujet......	68
— IX. — Peine de mort supprimée dans divers États.......................	77

— 256 —

CHAPITRE X. — Progrès de la législation, en France,
vers l'abolition de la Peine de mort.   87

— XI. — Des circonstances atténuantes introduites par la loi de 1832.... 94

— XII. — De la Déportation...............106

— XIII. — Suppression progressive de la Peine
de mort....................112

— XIV. — Conclusion..................120

DE LA RÉVISION DES CONDAMNATIONS CRIMINELLES... 139

DE LA CONTRAINTE PAR CORPS.... 177

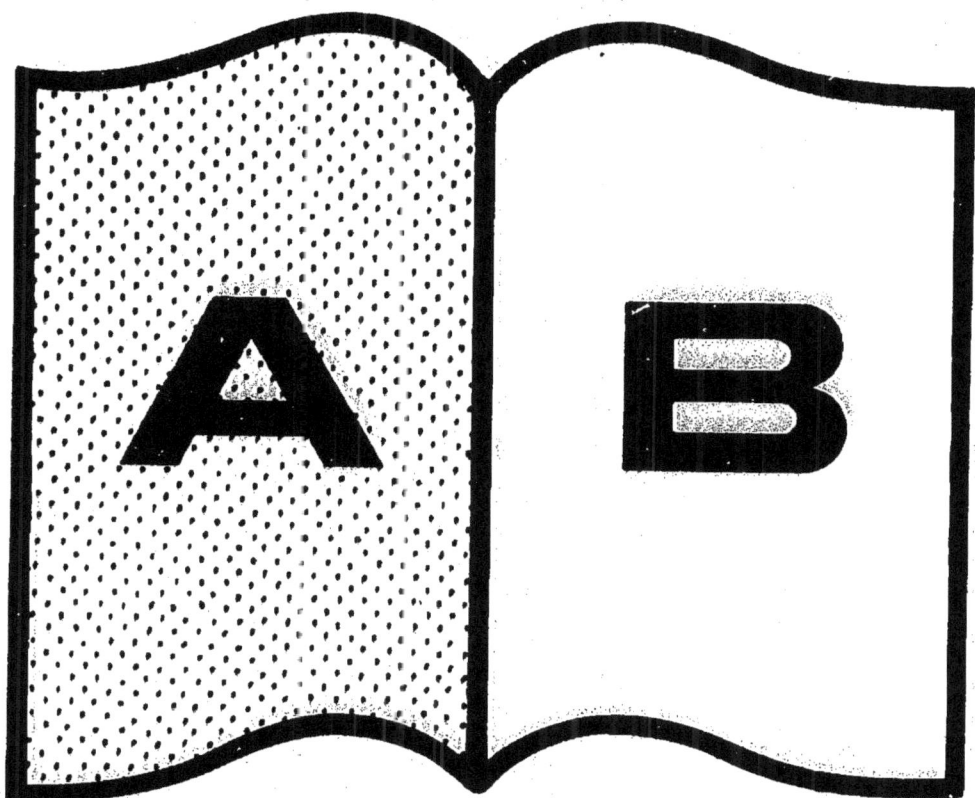

Contraste insuffisant

NF Z 43-120-14

www.ingramcontent.com/pod-product-compliance
Lightning Source LLC
Chambersburg PA
CBHW071634200326
41519CB00012BA/2288